2.

Bernfried Höhne

JAZZ IN DER DDR

eine retrospektive

mit 11 Fotografien von Detlev Schilke

VERLAG eisenbletter & naumann, Frankfurt am Main, 1991

Umschlagfoto: Ernst-Ludwig "Luten" PETROWSKY (von D. Schilke)
Satz: AG Text & Publikation, Frankfurt am Main
Druck: F.M.Druck, Karben

ISBN 3-927355-05-4

Für Silke, Birgit und Henry

Nichts ist intensiv genung -
es sei denn, es ist der Jazz.

Jean Cocteau

Kurzbiographien

Bernfried Höhne ist Jahrgang 1940. Geboren wurde er in Hartliebsdorf, Kreis Löwenberg (heute Polen). Durch die Kriegswirren verschlug es die Familie Anfang 1945 nach Nossen, einer sächsischen Kleinstadt in der Nähe von Meißen.

Dort besuchte er die Schule. Nach dem Abitur absolvierte er an der Humboldt-Universität zu Berlin ein fünfjähriges Pädagogikstudium in der Fachkombination Musikerziehung/Geschichte. Seine Lehrer waren u.a. die Professoren Fritz Reuter, Georg Knepler und Alfred Brockhaus. Nach dem Studium war er mehrere Jahre als Musik- und Geschichtslehrer an zwei Berliner Schulen tätig, bis er 1978 an der Sektion Musikerziehung der Pädagogischen Hochschule Potsdam angestellt wurde. Dort unterrichtet er seitdem die Fächer Musiktheorie, Gehörbildung und schulpraktisches Spiel auf dem Klavier.

Der Jazz begegnete ihm erstmals in seinem fünfzehnten Lebensjahr in Form alter Schellackplatten mit Aufnahmen von Louis Armstrong. Seither hat ihn diese Musik nicht mehr losgelassen, beschäftigt er sich mit dem Jazz wissenschaftlich-theoretisch als auch praktisch. Als Student war er selbst Mitglied einer Dixieland-Formation.

Im Mai 1987 verteidigte B. Höhne seine Dissertation "Jazz in der DDR - eine Positionsbestimmung". Er lebt in Berlin-Pankow und ist neben seinem Beruf in Sachen Jazz oft unterwegs, hält Vorträge und publiziert in Zeitschriften.

Deltev Schilke wurde am 04.05.1956 in Ost-Berlin geboren. 1972 schloß er mit der 10. Klasse seine Schulbildung an einer allgemeinbildenden polytechnischen Oberschule ab. Danach erlernte er den Beruf des Feinmechanikers und Elektronikfacharbeiters. Ein Jahr lang arbeitete er als Fotolaborant und leitete zwei Jahre ehrenamtlich einen Betriebsfotozirkel.

1983 erhielt er im Rahmen eines Fotowettbewerbs "Bilder des Jahres" für eine Jazzfoto-Serie einen Preis. Seitdem fotografierte und fotografiert er regelmäßig in der DDR-Jazz-Szene, auf internationalen Jazzfestivals, für Zeitungen und Zeitschriften sowie für diverse Ausstellungen.

1988 erhielt er beim "Internationalen Jazz-Photo-Wettbewerb" in Warschau zur Jazzjamboree den 1. Preis. Dieser Auszeichnung folgte 1989 der 1. Preis beim ZDF-Jazzfoto-Wettbewerb.

Seit Oktober 1989 lebt und fotografiert Detlev Schilke in West-Berlin.

INHALTSVERZEICHNIS

PROLOG..11

DIE VORGESCHICHTE - JAZZ IN DEUTSCHLAND BIS 1945..............13

VOM HOFFNUNGSVOLLEN NEUBEGINN NACH 1945....................21

DIE "DÜSTEREN FÜNFZIGER" UND DIE SECHZIGER JAHRE.............33

"JAZZ - MADE IN GDR": DIE SIEBZIGER JAHRE................................49

QUO VADIS - "JAZZ - MADE IN GDR?":
DIE ACHTZIGER JAHRE 63

JAZZFORSCHUNG UND -PUBLIZISTIK,
DER JAZZ UND DIE MEDIEN IN DER DDR....................................103

DAS JAZZPUBLIKUM UND DIE -MUSIKER IN DER DDR..................111

EPILOG..127

VERZEICHNIS DER VERWENDETEN ABKÜRZUNGEN......................129

ANMERKUNGEN...131

DARÜBER HINAUS VERWENDETE LITERATUR..............................141

DISKOGRAPHIE...151

PERSONEN- UND FORMATIONENREGISTER.................................161

PROLOG

Es herrscht heute Übereinstimmung darüber, daß der Jazz eine der wichtigsten kulturellen Errungenschaften ist, die die USA in ihrer bisherigen Geschichte hervorgebracht haben. Daß diese Leistung von einer unterdrückten Minorität geschaffen wurde, macht sie nur noch um so größer, wobei aus dem entgegengesetzten Blickwinkel argumentiert werden kann, daß ohne jenes daher von vornherein gegebene politische und kulturelle Spannungsfeld von herrschender weißer und unterdrückter schwarzer Kultur ein Großteil der dem Jazz innewohnenden Brisanz verlorengegangen wäre bzw. sich erst gar nicht aufgebaut hätte.

Schon längst ist der Jazz nicht mehr nur auf das Territorium der USA begrenzt, sondern ist zu einer "Weltmusik" geworden, die im internationalen Musikgeschehen fest integriert ist.

Er bildet die Grundmatrix für eine Vielzahl von Genres der populären Musik, die sich im 20. Jahrhundert von den USA und Großbritannien ausgehend, international verbreitet und insbesondere nach dem zweiten Weltkrieg auch in den osteuropäischen Ländern ihren Einfluß geltend gemacht haben. In einem Entwicklungsprozeß, der nicht ohne Hindernisse, Widerstände und Probleme verlief - einschließlich der Tatsache, daß es immer komplizierter geworden ist, den Jazz in seiner ambivalenten Stellung zwischen sogenannter "E"- und "U"-Musik einzuordnen -, erlangte er während der siebziger und achtziger Jahre auch in der DDR kulturpolitische Anerkennung und wurde zu einem unverwechselbaren Phänomen im Musikgeschehen dieses Landes. Ungeachtet dieser Wertschätzung bestand und besteht ein beträchtliches Defizit hinsichtlich seiner wissenschfatlichen, publizistischen und auch ideellen Aufarbeitung.

Es ist deshalb die Absicht des Autors, mit diesem Buch allen Jazzinteressierten ein informatives Material über die Jazzentwicklung in der DDR zur Verfügung zu stellen. Im Mittelpunkt steht dabei die Aufarbeitung der G e s c h i c h t e des Jazz in der DDR mit dem Ziel, die nicht widerspruchsfreie Wertung dieses Phänomens in seiner h i s t o r i s c h e n Entwicklung aufzuzeigen und charakteristische musikalische Wesensmerkmale zu benennen, die ein Weiterwirken dieser Musizierpraxis auch unter den Bedingungen des sogenannten "real existierenden Sozialismus" in der DDR garantiert haben. In den Darlegungen wird dabei auch auf wesentliche Knotenpunkte der internationalen Jazzentwicklung in ihrer Bedeutung für das Wirken und Funktionieren des Jazz in der DDR verwiesen.

Diese Ausführungen basieren im wesentlichen auf einer Dissertationsschrift mit dem Thema "Jazz in der DDR - eine Positionsbestimmung", die am 28. Mai 1987 an der Historisch-Philologischen Fakultät der Pädagogischen Hochschule Potsdam vom Autor verteidigt wurde. Darüber hinaus sind persönliche Erfahrungen und Erlebnisse desselben, umfangreiche Recherchen in der DDR, die Ergebnisse von Gesprächen mit Musikern und Journalisten sowie die Auswertung zahlreicher Konzertbesuche und einer weit gefächerten Literatur sowie vieler Schallplatten ebenfalls mit eingeflossen.

Erwähnte Dissertation ist - entsprechend der Bitte des Verlages - formell überarbeitet und soweit es möglich war, mit aktuellen Ergänzungen bis zu Beginn des Jahres 1990 versehen worden. Infolge der Wende, die sich Ende des Jahres 1989 in der DDR vollzogen hat, wird allerdings auf dem Gebiet der Kultur- und Musikpolitik eine inhaltliche Neubestimmung künftiger Aufgaben und eine kritische Aufarbeitung der Vergangenheit vorgenommen werden müssen. In d i e s e m Sinne wird im vorliegenden Buch versucht, die Jazz-Historie der DDR im Zeitraum von 1945 bis 1990 darzulegen und aufzuarbeiten.

DIE VORGESCHICHTE -
JAZZ IN DEUTSCHLAND BIS 1945

Die Jazzentwicklung in der DDR respektive in Deutschland ist davon gekennzeichnet, daß sie durch äußere politische Zwänge zweifach unterbrochen wurde: Der Faschismus verbannte den Jazz als "entartete" Kunst und "Niggermusik" aus seinem totalitären Kunstbetrieb. In der DDR wurde der Jazz - trotz einer kurzzeitigen Öffnung für internationale Einflüsse nach der Befreiung Deutschlands vom Faschismus - auf die Formel "Waffe des Klassenfeindes im Kalten Krieg" verkürzt, deshalb mißverstanden und erneut mit einem Bann belegt. Das, was im Underground -"überlebte" - bei aller Hochachtung vor den vollbrachten Leistungen - war kaum relevant. Was aber in der kulturpolitischen Praxis der DDR bis in die siebziger Jahre hinein blieb, war das Mißtrauen gegenüber dem Jazz und seinen Anhängern.[1] Die durch diese Entwicklung erzwungene Traditionslosigkeit blieb nicht ohne Folgen für die Jazzentwicklung in der DDR.

Vor allem in den fünfziger und sechziger Jahren kam es in der DDR zu einer regelrechten durch die damalige Staats- und Parteiführung sanktionierte Verketzerung des Jazz. Ignorantentum, nahezu lächerliche Simplifizierungen, Meinungen, Haltungen und auch Repressalien gegenüber Jazzfreunden waren zu dieser Zeit an der Tagesordnung.

Will man nun zumindest den V e r s u c h einer Erklärung dieser "Phänomene" unternehmen, ist es notwendig und daher auch durchaus berechtigt, in einem kurzen historischen Exkurs auf die Entwicklung des Jazz in Deutschland vor und während der faschistischen Diktatur einzugehen:

Durch die ersten Schallplattenaufnahmen - die ersten Tonaufzeichnungen per Schallplatte wurden 1917 in New York von einem "weißen" Jazzensemble, der "Original Dixieland Jass Band", produziert - und die ersten Gastspiele und Tourneen amerikanischer Jazzbands, gelangte der Jazz nach dem ersten Weltkrieg in Form bereits kommerzialisierter Tanzmusik nach Europa. Dies zu konstatieren ist deshalb von Bedeutung, weil dieser erste Kontakt für lange Zeit ein vorgeprägtes Bild über den Jazz vermitteln half, das für seine weitere Entwicklung nicht immer günstig war und das in der Bewertung dieser Musik auch durch ernstzunehmende Kritiker zu einer ganzen Reihe von Mißverständnissen führte.²

Im Jahre 1925 gab die Jazzband von Sam WOODING (ld, p) ein Gastspiel in Berlin, ebenso die "Savoys-Synkops-Band". Paul WHITEMAN brachte 1923 während einer England- und 1926 während einer Europatournee (Paris, London, Berlin) den sogenannten "sinfonischen Jazz" nach Europa. Das "sinfonische" Jazzorchester P. WHITEMANS wurde 1919 gegründet und bestand bis 1940. Er selbst bezeichnete sich als "King of Jazz" und war ein geschäftstüchtiger Bandleader, der die Weltwirtschaftskrise und die durch sie verursachte soziale Misere bedeutender Jazzmusiker ausnutzte, um sie zu engagieren und mit ihnen eine Menge Geld zu vedienen. Zu diesen Musikern gehörten z. B. Bix BEIDERBECKE (tp), Jimmy DORSEY (ld, tb, tp), Jack TEAGARDEN (tb, voc), Eddie LANG (gt), Mildred BAILEY (voc).

Dieser "sinfonische" Jazz hatte mit der authentischen Existenzweise der Jazzmusik nichts zu tun. Der Jazz, den P. WHITEMAAN bot, war "verwässert" und klischeehaft. Gedrillte virtuose Einzelleistungen, auf Show-Effekte abzielend, dominierten. Die jazztypische spontane sowohl kollektive als auch solistische Improvisation fehlten gänzlich. Die wenigen Jazzanhänger, die sich ihre Kenntnisse und Meinungen anhand authentischer Quellen,der ersten aus den USA eingeführten Jazzaufnahmen in Form von Schallplatten erworben und begildet hatten, bezeichneten P. WHITEMAN als den "Verderber einer neuen Musizieridee".³ Andre ASRIEL spricht sogar von dem "jazzfressenden Octopus WHITEMAN".⁴

Aber nicht nur P. WHITEMAN, sondern auch solche berühmten Jazzmusiker wie Louis ARMSTRONG und Duke ELLINGTON gastierten 1932 und 1933 in Europa.

Die Reaktionen auf den Jazz in Europa waren unterschiedlich, teilweise negativ, da Ansichten und Hörgewohnheiten des Publikums und viele Prinzipien, vor allem die neue und a n d e r e Musikalität des Jazz, eingebettet in den gesellschaftlichen Kontext der zwanziger Jahre, mit den Traditionen der Musik im europäischen Raum nicht konform gingen. Trotzdem fand der Jazz in Europa eine erste Resonanz, die für seine weitere Verbreitung eine wichtige vermittelnde Funktion hatte. Zunächst erfüllte der Jazz in Europa die Funktion einer neuartigen und sensationellen Tanzmusik. Die Entstehung von Jazz-Dance-Bands war für diese Zeit charakteristisch. Sie ahmten in erster Linie die amerikanischen Vorbilder nach.

Eine s c h ö p f e r i s c h e Weiterentwicklung jedoch - die ersten Hot-Chorusse (von L. ARMSTRONG kreiert), die Herausbildung erster Big-Band-Strukturen, die Suche nach einem unverwechselbaren Orchesterklang, die den künstlerischen Prozeß vorantreibenden Leistungen von Duke ELLINGTON und Fletcher HENDERSON beispielsweise - blieb vorerst auf das Territorium der USA beschränkt. Den ersten e i g e n s t ä n d i g e n europäischen künstlerischen Beitrag in dieser Hinsicht leistete im Jahre 1934 der belgische Gitarrist Django REINHARDT mit seinem "Zigeuner-Swing":

"Zum ersten Mal nutzte ein europäisches Ensemble ... die dem Jazz ursächlich immanente 'schöpferische Freiheit', auf deren kontinuierlicher, prozeßhaft vorangehender Auslotung letztlich die gesamte bisherige Jazzentwicklung im Kern begründet ist".[5]

Dieser Durchbruch, den das französiche Quintett erzielte, zog die Anerkennung des Jazz als "seriöse Kunst" nach sich, ließ ihn zum spezifischen Interessengebiet für Musiker und Liebhaber werden, führte zur Gründung von Jazzklubs (1932 wurde der "Hot-Club de France" gegründet), zum Druck erster Jazzinformationsblätter und -zeitschriften, zur Sendung und Veranstaltung erster Rundfunkprogramme und Konzerte.

In Deutschland spielten 1909 die ersten Tanz- und Blasmusikorchester Ragtime. Zehn Jahre später bezeichnete sich erstmals eine deutsche Tanzmusikkapelle, die "Original Excentric Band", als Jazz-Ensemble, deren Musik allerdings sehr wenig mit Jazz etwas zu tun hatte. Die bedeutendsten Formationen waren wohl die von dem Deutschamerikaner Julian FUSH gegründete Jazzband "Follies", die von Steffan WEINTRAUB und Hans GRAFF ins Leben gerufene Gruppe "Weintraub Syncopators" sowie das Bühnen- und Schauorchester von Bernhard ETTE, das ab 1931 von sich reden machte. Diese Formationen spielten eine Musik, die zwar mit Jazzelementen durchdrungen war, aber hauptsächlich tanzmusikalischen Charakter und eine entsprechende Funktion hatte. Zahlreiche bedeutende nationale und internationale Verpflichtungen trugen zur Popularität dieser Formationen bei. Die Weintraub-Musiker schlossen beispielsweise einen Vertrag mit den berühmten Max-Reinhardt-Bühnen, traten in Variété-Schows auf, produzierten Filmmusiken, z. B. 1930/31 zum Film "Der blaue Engel" mit Marlene

DIETRICH und Emil JANNINGS, gaben Gastspiele in Italien und anderen Ländern Europas.

Stellt man die musikalische Ausübung und Verbreitung des Jazz dem musikwissenschaftlichen Interesse gegenüber, vollzog sich die Entwicklung in Europa zunächst konträr. Die Anerkennung des Jazz in den zwanziger Jahren als eigenständige Kunstform erfolgte nur zögernd, aber interessanterweise eben nicht in den USA, sondern in Europa. Das geschah zu einem Zeitpunkt, als der Jazz für den größten Teil seines Publikums, einem weitverbreiteten Mißverständnis zufolge, mit amerikanischer Schlagermusik identifiziert wurde. Das anhaltende Polemisieren über den Jazz zeigte aber, daß er als Gegenstand für die Musikwissenschaft und -kritik nicht aufhörte, aktuell zu bleiben. Erste Analysetätigkeit begann, erste Urteile wurden gefällt, erste theoretische Schriften und andere Publikationen erschienen. Später folgten Diskographien und Bibliographien: Im Jahre 1900 erschienen 4 Bücher und 7 Artikel, 1919 2 Bücher und 7 Artikel und 1926 9 Bücher und 39 Artikel.

1925 verlegte Alfred BARESEL sein "Jazzbuch", Musikverlag Wilhelm Zimmermann, Leipzig, dem 1929 beim gleichen Verlag die zweite überarbeitete Fassung "Das neue Jazzbuch" folgte. A. BARESEL ist der Verfasser weiterer grundlegender jazztheoretischer Schriften. 1928 erfolgte im Rahmen der akademischen Ausbildung am Dr. Hochschen Konservatorium in Frankfurt am Main die Gründung einer Jazzklasse durch Mátyás SEIBER.

Die Weltwirtschftskrise im Jahre 1929 und die kurz darauf folgende Ausbreitung des Faschismus, die internationale ökonomische und politische Erschütterungen und einschneidende Veränderungen mit sich brachten, ließen diese bescheidenen Anfänge musikalischer und musikwissenschaftlicher Hinwendung zum Jazz stagnieren.

In Deutschland tobte aber bereits v o r der Machtergreifung des Faschismus, in der zweiten Hälfte der zwanziger Jahre, denen man gern ein vergleichsweise "demokratisches Mäntelchen" umhängt, der "Kulturkampf" um die Überlegenheit des "deutschen Wesens". Das führte beispielsweise 1930 zum Ausspruch des ersten regionalen Jazzverbotes durch die nationalsozialistische Regierung in Thüringen auf Veranlassung des damaligen thüringischen Volksbildungsministers und späteren Reichsministers FRICK.

Im Jahre 1933 wurde durch die aggressivsten Kreise des deutschen Monopolkapitals die faschistische Diktatur errichtet. Damit begannen 12 Jahre des Terrors, der Rassendiskriminierung, die Verfolgung aller fortschrittlichen Kräfte, der zweite Weltkrieg und die Unterwerfung der Völker Europas. Diese zwölf Jahre waren darüber hinaus mit kultureller Unterdrückung, mit der Unterdrückung und Vernichtung progressiver Künstler und Kunst verbunden. Trotzdem entstanden in dieser Zeit des Widerstandes, sowohl in der Emigration als auch im eigenen Lande, bemerkenswerte und bedeutende Leistungen deutscher Künstler. Davon legen solche Namen wie Ernst BARLACH, Berthold BRECHT, Ernst BUSCH, Paul DESSAU, Hanns EISLER, Lea und Hans GRUNDIG, Käthe KOLLWITZ, Heinrich und Thomas MANN, Erich MÜHSAM u. a. ein beredtes Zeugnis ab.

Auch der Jazz wurde durch die menschenfeindliche faschistische Ideologie und Rassenpolitik betroffen, Verbote gegen ihn ausgesprochen, die seine Entwicklung in Deutschland und Europa beeinträchtigten: 1935 wurde durch den Reichssendeleiter HAMOWSKY ein generelles Jazzverbot angeordnet. Dort hieß es unter anderem:

"Nachdem wir zwei Jahre lang mit dem Kulturbolschewismus aufgeräumt haben ..., wollen wir auch mit den noch in unserer Unterhaltungs- und Tanzmusik verbliebenen zersetzenden Elementen Schluß machen. Mit dem heutigen Tage spreche ich ein endgültiges Verbot des Niggerjazz für den gesamten deutschen Rundfunk aus. Was zersetzend ist und die Grundlage unserer Kultur zerstört, das werden wir ablehnen. Wir werden dabei ganze Arbeit leisten".[6]

Der Jazz wurde als "entartete Kunst", "verjudete Niggermusik", als "Kampfmittel des Judentums und Amerikanismus" gebrandmarkt. Es wurde vom "volkstumzersetzenden Einfluß des Jazz" gesprochen und die "Jazzfrage als eine Rassenfrage" proklamiert. Die damalige Provinz Pommern kam als erste der Aufforderung des Reichssendeleiters HAMOWSKY mit einem grotesken Swingverbot nach:

"Swing- und Niggermusik verschwinden. Pommern macht den Anfang, um die Verwilderung in den Tanzlokalen abzustellen ... Wir haben kein Verständnis für Narren, die Urwaldsitte nach Deutschland verpflanzen wollen ... Jaulende Orchester und 'swingende' Paare gehören in den Urwald ... Es ist daher begrüßenswert, daß Pommern den Kampf ... aufnimmt."[7]

Die staatlichen Sprecher, die diese Doktrin und die von der faschistischen Ideologie determinierten Musikpolitik und -propaganda verkündeten und vertraten, waren u.a. Ludwig ALTMANN und Max MERZ.

Die Hetztiraden gipfelten im Ausspruch des Reichspropagandaministers Joseph GOEBBELS, Jazz sei der "systematische Versuch des internationalen Judentums, unsere deutsche Kultur zu zerstören".[8]

Die faschistische Kulturpolitik war auf eine - wie es die faschistischen Machthaber selbst bezeichneten - geistige und ideologische " 'Gleichschaltung' im Sinne der aggressiv auf die Kriegsvorbereitung orientierten chauvinistischen und rassistischen Propaganda und auf deren ideologische Korruption gerichtet".[9] Auch auf musikalischem Gebiet wurde alles diesen aggressiven und menschenfeindlichen Zielen untergeordnet. Musik und andere künstlerische Leistungen progressiven und antifaschistisch-humanistischen Charakters paßten nicht in das totalitäre Kunstkonzept des Faschismus. Sie wurden zu einem Systemkontrast spezifischer Art und erwiesen sich "für die kulturpolitische Praxis des Faschismus als unbrauchbar ... und als 'dekadente Kunst' diskriminiert".[10] So auch der Jazz, der vor allem dem Begriff und dem Prinzip des "Völkischen" innerhalb der faschistischen Ideologie und Demagogie widersprach. Realistische Kunst dagegen wie auch immer geartet, ließ sich von den Faschisten weit leichter und problemloser vereinnahmen.

Als die Wende des Krieges eingetreten und die Niederlage des Faschismus nicht mehr aufzuhalten war, versuchten die Nazis den Swing für die Verschleierung und Ablenkung ihrer Misere zu mißbrauchen, was vor allem in den pompösen Musikfilmen der letzten Kriegsjahre sichtbar wurde. So wurde dem "Deutschen Tanz- und Unterhaltungsorchester (DTU)" unter Leitung von M. JARY vom Reichspropagandaminister J. GOEBBELS - nach dem Motto "Mehr Zuckerbrot als Peitsche" - gestattet, als Tanzmusik deklarierten Swing zu spielen.

Trotz der Verbote und Repressalien (obwohl sie am Ende des Krieges zwar eine Lockerung erfuhren) kam es zu ihrer Mißachtung, wurde Jazz weiterhin gehört und praktiziert, erste Proteste gegen das Jazzverbot kamen sogar aus der Musikindustrie selbst, da sie ihre Umsätze gefährdet sah. Um z. B. das Saxophon zu "retten", das nun mittlerweile auch Eingang in die Militärkapellen gefunden hatte, behauptete man, der Erfinder dieses Instrumentes, der Belgier Adolphe SAX, sei deutscher Abstammung gewesen, und schon deshalb könne man dieses Instrument nicht verbieten. Zahlreiche nach dem faschistischen Deutschland eingeschmuggelten Schallplatten und Notenmaterialien, das heimliche Musizieren von Jazz, die Gründung von Jazzklubs, die illegale Verbreitung von Schriften, die Big Bands, die Swing in tanzmusikalischer Verpakkung interpretierten - "Jazzbands" dieser Art gab es sogar in einigen Konzentrationslagern -, sind weitere Beweise für den Protest und Widerstand gegen die faschistischen Willkürakte, die den Jazz betrafen. In dieser Zeit verwandelten sich in Deutschland sowie in den besetzten Gebieten Frankreichs, in Holland und Belgien zahlreiche harmlose Schallplattenzirkel und illegale Jazzvereine in Widerstandsgruppen. Der Kriminalsekretär REINHARDT, Leiter des Hochverratsdezernates bei der Hamburger Gestapo, äußerte in diesem Zusammenhang, daß der "Weg zum Hochverrat ... für gewisse junge Menschen mit Schallplatten von Louis Armstrong"[11] beginnen würde.

Diese Beispiele sind ein Beweis dafür, daß die kontinuierliche Entwicklung des Jazz sowohl in Deutschland als auch in Europa trotz faschistischer Willkür zwar empfindlich gestört, aber nie gänzlich unterbunden werden konnte. Der Jazz verlor auch im Faschismus weder seine Anhänger noch seine Wirkung und Anziehungskraft, wie es die Apologeten faschistischer Ideologie und Rassenpolitik gern gesehen hätten. Er bewahrte sich auch in dieser Zeit seine Ursprünglichkeit, Originalität, Spontaneität und Vitalität und konnte sich deshalb nach der Niederlage des Faschismus bis in unsere Zeit weltweit verbreiten.

VOM HOFFNUNGSVOLLEN NEUBEGINN NACH 1945

Obwohl Faschismus und Krieg eine empfindliche Lücke in die europäische Jazzentwicklung gerissen hatten, gaben viele Musiker auch während der faschistischen Herrschaft das Jazzmusizieren nicht auf. So wurde z. B. im Jahre 1941 der "Hot-Club" in Frankfurt/Main gegründet, wo heimlich der für die Zeit des Faschismus so charakteristische Camouflage-Swing gespielt wurde. Emil MANGELSDORFF (cl, saxes), ein Mitbegründer dieses Clubs, mußte 1943 deswegen für 6 Wochen ins Gefängnis. Horst LIPPMANN, Hans BLÜTHNER, Dietrich SCHULZ-KOEHN u.a. vervielfältigten und verbreiteten illegal Schriften wie "Mitteilungen für die Freunde der modernen Tanzmusik". Auch in Berlin, das sich bereits in den zwanziger Jahren den Ruf einer "europäischen Swing-Hauptstadt" und damit eine gewisse "Jazztradition"[1] erwerben konnte, knüpften die Musiker dort an, wo sie aufgehört hatten. Es entstanden die ersten Bigbands und unzählige Amateurformationen. Ähnlich verlief auch die Entwicklung im übrigen Nachkriegsdeutschland[2] und in Europa. Musiziert wurde zu dieser Zeit fast ausschließlich Swing, Bebop war kaum zu hören. Er wurde abgelehnt und sogar von gestandenen Kritikern wie John HAMMOND, Norman GRANZ, Bill GAUER u.a. regelrecht verketzert. Die Musiker waren es, die auf ihn setzten, da sie die musikalische Bereicherung und die "Befreiung von eingefahrenen Klischees und Standardprozeduren"[3] erkannten und begrüßten. In den fünfziger Jahren brachten Jazzmusiker aus den USA wie Charlie PARKER, Miles DAVIS, Dizzy GILLESPIE, Max ROACH, Conny CLARKE und Thelonius MONK den Modern Jazz live nach Europa. Allmählich setzten sich auch diese Stilarten des Jazz musikalisch im internationalen Maßstab durch. Die Geschichte des Jazz der vierziger, fünfziger und auch z. T. noch der sechziger Jahre ist dadurch charakterisiert, "daß sich in ihr mit mehr oder minder großer Zeitdifferenz das nachvollzog, was zuvor von amerikanischen Musikern erprobt und zum Stil verfestigt worden war ...".[4] J. E. BERENDT spricht in diesem Zusammenhang von der "imitatorischen" und "plagiatorischen"[5] Ära des europäischen Jazz.

Ungeachtet des Verbotes also, Jazz zu spielen, ist die Traditionslinie auch in den Jahren des Faschismus nie abgebrochen, so daß sich bereits unmittelbar nach dem Krieg diese Musik weiter zu profilieren begann. Die rasche Bildung unterschiedlichster Jazzformationen belegt das.[6]

Das Bedingungsgefüge, das sich unmittelbar nach Beendigung des zweiten Weltkrieges herausgebildet hatte, war für die weitere Jazzentwicklung in Europa von außerordentlicher Bedeutung. Die Entwicklung im Nachkriegsdeutschland weist zwar Besonderheiten auf, kann aber nicht außerhalb der internationalen Jazzentwicklung betrachtet werden. Die folgenden Darlegungen berücksichtigen deshalb die Dialektik zwischen den allgemeinen internationaalen Gegebenheiten und spezifischen nationalen Besonderheiten.

Europa war vom Faschismus befreit und damit die objektive Voraussetzung für die Beseitigung der ideologischen und rassendiskriminierenden Schranken geschaffen, die den Jazz diffamiert sowie seine praktische Ausübung verboten hatten. Dadurch wurden aber die vorhandenen subjektiven Vorurteile gegenüber dieser Musik im Bewußtsein vor allem derer nicht abgebaut, die über Jahre durch die faschistische Propaganda beeinflußt worden waren. Es war vor allem die jüngere Generation, der "deutschen Militär- und Marschmusik" überdrüssig und mit der negativen Entwicklung der dreißiger und vierziger Jahre bezüglich des Jazz nicht vorbelastet, die den Jazz spontan aufnahm und enthusiastisch für ihn eintrat.

Eine entscheidende Ursache für die rasche Verbreitung des Jazz im Nachkriegsdeutschland war die Tatsache, daß mit der Stationierung amerikanischer Soldaten in den westlichen Besatzungszonen ein Umfeld vorhanden war, in dem Jazz praktiziert wurde. Sicher wäre wohl unter anderen Bedingungen diese Entwicklung wesentlich langsamer vor sich gegangen. Daß sie über einen gewissen Zeitraum mit der in der damaligen sowjetischen Besatzungszone nahezu parallel verlief, hing vor allem mit der offenen Grenze zusammen, deren Einfluß bis 1961 sowohl im allgemeinen als auch im speziellen auf die Jazzentwicklung und die Verbreitung dieser Musik in der DDR bezogen, nicht außer acht gelassen werden kann. Einerseits, so schätzt es Walter BARTEL ein (ehemaliger Pianist der "Jazzoptimisten Berlin"), waren durch die offene Grenze Besuche bedeutender Jazzkonzerte in West-Berlin (Sportpalast), die eine Informationsquelle darstellten, möglich. So gastierten beispielsweise in den fünfziger Jahren in Berlin (West) u. a. solch bedeutende Jazzmusiker wie Dave BRUBECK (ld, comp, p), David Roy ELDRIDGE (tp, fh, voc), Ella FITZGERALD (voc) und Gerry MULLIGAN (comp. arr, bars). Andererseits bezeichnet er die damals herrschenden Zustände, die Jazzszene im gesamten Berlin betreffend, als "chaotisch" und "ungeordnet". Viele Musiker spielten "illegal" im anderen Teil der

Stadt, und der Jazz wurde durch diesen Umstand (teilweise völlig ungewollt) oft zum Anlaufpunkt und Sammelbecken oppositoneller Kräfte.

An der Verbreitung des Jazz im Nachkriegsdeutschland hatte der amerikanische Soldatensender AFN einen wesentlichen Anteil. Im Frühsommer 1945 begann er zu senden. Vorwiegend wurde Swingmusik (später auch Bebop) gesendet. Besonders die Musik Glenn MILLERS erfreute sich großer Beliebtheit. Auf der Grundlage dieser Rundfunksendungen wurden von vielen Musikern nach dem Gehör, so z. B. von Walter EICHENBERG für das Orchester von Karl WALTER Swing-Arrangements für Big Bands kopiert. Das Orchester Karl WALTER spielte von 1945 bis 1949 in der Umgebung von Chemnitz (Karl-Marx-Stadt). Für diese Big Band bestand in der Stadt zeitweilig ein Spielverbot.

Außerdem gelangten Schallplatten und Tonbänder mit Jazzmusik, Jazzmagazine wie "Schlagzeug", "Vier Viertel", Fachzeitschriften und andere Jazzpublikationen[7] in die sowjetische Besatzungszone bzw. die DDR. Eine besondere Rolle spielte hierbei Berlin mit seinem Viermächtestatus.

Für die weitere Jazzentwicklung im Nachkriegsdeutschland und später in der DDR waren die Gegebenheiten, die sich im internationalen Bedingungsgefüge nach dem zweiten Weltkrieg herausgebildet hatten, von besonderer Bedeutung.

Vor allem in den USA war ein rasches Wachstum der Musikindustrie zu konstatieren. Konzerne und Monopole wurden gegründet, die aufgrund ihrer internationalen Verflechtungen die Jazzentwicklung in Europa beeinflußten. Die Weiterentwicklung der Phonotechnik in den fünfziger Jahren nahm evidenten Einfluß auf die Jazzproduktion, -rezeption und -distribution. In Europa bildete sich - vorerst in Skandinavien und Westeuropa - nach 1945 ein Jazzmanagement heraus, auf dessen Grundlage eine intensive nationale und internationale Konzerttätigkeit in Gang gesetzt werden konnte. So fanden 1947 zu den 1. Weltfestspielen in Prag das 1. Internationale Amateurjazzfestival und 1949 in Paris das 1. Interntionale Jazzfestival Europas - Treffpunkt berühmter Interpreten aller Spielbereiche - statt. Die Entwicklung des Modern Jazz führte in den USA in der zweiten Hälfte der vierziger Jahre zu einer allmählichen Wandlung der Gebrauchsfunktion von Jazzmusik. Sie gab sich mehr als "Hörmusik" und wies "echte tanzferne Jazzmerkmale auf".[8] Das Ergebnis war eine immer komplizierter zu überschauende Vielfalt des nichttraditionellen Jazz, die für die weitere Progression und "im musikalischen Gesamtspektrum zum bestimmenden Faktor wurde"[9]. Die Verbreitung, Annahme und Aufbereitung des Modern Jazz durch die Musiker, die Jazzkritik und das Publikum in Europa erfolgte erst Ende der vierziger, Anfang der fünfziger Jahre (vgl. Anm. 7). Zu dieser Zeit weilten bedeutende Vertreter des Modern Jazz wie Miles DAVIS (ld, comp, tp, fh), Dizzy GILLESPIE (comp, tp, p, voc), Thelonius MONK (comp, p), Charlie PARKER (ld, comp, as) u.a. in Europa. Sie waren Teilnehmer der Jazzfestivals in Paris, Zürich und unternahmen Tourneen durch Skandinavien, die BRD und andere Teile Europas.

In dieses internationale Umfeld integriert, vollzog sich die Jazzentwicklung im Nachkriegsdeutschland und später in den beiden deutschen Staaten. Dieser nicht geradlinig, aber doch stetig verlaufende Prozeß vollzog sich in der DDR und BRD etwa ab 1949/50 aufgrund der unterschiedlichen historischen, politischen und ideologischen Gegebenheiten in entsprechend differenzierter Weise.

Auf dem Gebiet der westlichen Besatzungszonen hatten sich bereits in der letzten Phase des Krieges in Fankfurt am Main Amateur- und Berufsmusiker zur "Hotclub Combo" zusammengeschlossen, aus der sich nach der Kapitulation der faschistischen Machthaber das "Hotclub Sextett" formierte. In München waren es die "Gamelang Combo" und das "Joe-Wick-Orchester". Hier waren auch Big Bands vorhanden wie "Lubo D-Orio" u.a. Neben München und Frankfurt/Main entwickelten sich Berlin, Hamburg und Dortmund zu Zentren des Jazz. In Berlin waren die "Berlin All Stars" wohl die bekannteste Swing-Combo, die Swing im professionellen Stil musizierten. Ihre Vorbilder waren Benny GOODMAN, Charlie CHRISTIAN, Lester YOUNG und Duke ELLINGTON. Zu ihnen gehörten: Hans BERRY (tp), Macky KASPAR (tp), Walter DOBSCHINSKY (tb), Detlef LAIS (ts) Omar LAMPARTER (cl), Helmut ZACHARIAS (v), Erwin LEHN (p), Coco SCHUMANN (g), Teddy LENZ (b), Ilja GLUSGAL (dr). Weitere Musiker, die in den ersten Nachkriegsjahren die Entwicklung beeinflußten, eigene Bands unterhielten bzw. Rundfunkorchester leiteten, waren z. B. Max GREGER, Heinz SCHACHTNER, Günter FUHLISCH, Glenn BUSCHMANN, Kurt EDELHAGEN, Michael JARY, Horst KUDRITZKI, Werner MÜLLER, Willy BERKING, Wolfgang SAUER, Dieter SÜVERKRÜP u.a. Später, um den Modern Jazz bemüht, waren es z. B. Hans KOLLER, Jutta HIPP, Jochen BRAUER, Albert und Emil MANGELSDORFF, Vera AUER, Heinz SAUER,

Günter KRONENBERG, Klaus DOLDINGER, Peter BRÖTZMANN, Alexander von SCHLIPPENBACH u.a. Um die wissenschaftliche Aufwertung und publizistische Verbreitung machten sich Joachim Ernst BERENDT, Carlo BOHLÄNDER, Wolfgang SUPPAN, Jan SLAWE, Joe VIERA u.a. besonders verdient.

Aber auch in der ehemaligen sowjetischen Besatzungszone kam es zu vielversprechenden Aktivitäten. Es entstanden zahlreiche kleinere Gruppen und Big Bands, bei denen der Einfluß des Big-Band-Sounds von G. MILLER mit seinem typischen tanzmusikalischen Charakter dominierte.

Mit Genehmigung der Sowjetischen Militäradministration (SMAD) begann AMIGA mit der Schallplattenproduktion. Die erste Begegnung mit ausländischen Musikern, die berühmt gewordene Hot-Club-Session mit Rex STEWART - Trompeter von D. ELLINGTON, der nach dem Krieg als erster amerikanischer Jazzmusiker in Berlin (West) gastierte -, die 1945 in Berlin stattfand, wurde von AMIGA aufgenommen und als Schallplatte veröffentlicht. Konstantin METAXAS, Produktionsleiter bei AMIGA, stellte die "Amiga-Star-Band I und II" zusammen, in der neben R. STEWART Musiker wie W. DOBSCHINSKY, M. KASPAR, H. ZACHARIAS, Rolf KÜHN, Fritz SCHULZ-REICHEL, T. LENZ, I. GLUSGAL, H. BERRY, Carlos RILEY, Joe APPLETON, Louis STEPHENSON, Conrad MARTINEZ, Heinz CRAMER und Clinton MAXWELL vereinigt waren. H. ZACHARIAS' Schallplatte "Helmy's Bebop No. 2", die bereits bei "Odeon" aufgenommen worden war, wurde auch von AMIGA als die erste Bebop-Schallplatte produziert. Weitere Aufnahmen mit den unter dem Aspekt "Jazz" führenden Orchestern wurden vom "Rundfunktanzorchester (RTO) Leipzig", von der "Swing-Band des Berliner Rundfunks", dem "RTO des Berliner Rundfunks" und dem "Dresdener Orchester" produziert.

Nicht nur in Berlin, sondern auch in Dresden, Leipzig, Halle und Hohenstein-Ernstthal wirkten profilierte Jazzmusiker wie Heinz KRETZSCHMAR, Günter HÖRIG, Walter HARTMANN, Walter EICHENBERG, Heinz OLTERSDORF, R. KÜHN, Henry PASSAGE, Günther OPPENHEIMER, Fips FLEISCHER, Horst HARTMANN, Jochen BRAUER, Kurt HENKELS, Karl WALTER, Horst FISCHER u.a. Besonders starke Impulse gingen von Dresden und Leipzig aus. In Dresden waren es vor allem H. KRETZSCHMAR und G. HÖRIG, die Pionierarbeit leisteten, in Leipzig Hans-Wolf SCHNEIDER, Kurt MICHAELIS ("Hot-Geyer") und der Jazzkritiker und -spezialist Reginald RUDORF. Im Jahre

1946 wurden die "Original-Dixies" von den "Dresdner Tanzsinfonikern" (DTS) unter Leitung von G. HÖRIG übernommen. Sie entwickelten sich zum führenden Klangkörper der Berufsmusiker auf dieser Strecke. Musikalische Grundlage war der moderne Swing, in den Elemente des Modern Jazz einflossen, verbunden mit dem Streben nach eigener künstlerischer Aussage. Diese Formation entwickelte sich - neben dem Orchester von Gustav BROM (CSFR) - zur zweitältesten und stabilsten Big Band Europas. Beispielkonzerte, Konzerte in Schulen, die die Schüler mit dem Wesen und der historischen Entwicklung des Jazz vertraut machten, die Vermittlung ihrer Erfahrungen an junge Studenten - viele Solisten sind Dozenten an der Dresdener Hochschule für Musik "Carl Maria von Weber" - trugen zur Aufwertung und Anerkennung des Jazz in der DDR bei. Die DTS wurden damals als _erste_ Jazzformation der DDR in Anerkennung und Würdigung ihrer Leistungen auf diesem Gebiet mit dem Kunstpreis der FDJ (Freie Deutsche Jugend) ausgezeichnet. Zu Pfingsten 1986 konnten sie ihr vierzigjähriges Jubiläum begehen. Zu Pfingsten _1946_ gaben die DTS im Lindengarten (Dresden-Klotzsche) ihr erstes Konzert. Daß in dieser Formation der Saxophonsatz in seiner Zusammensetzung über 35 Jahre hinweg konstant blieb, muß im internationalen Maßstab wohl seinesgleichen suchen.

Während sich in der BRD der Jazz fast kontinuierlich weiterentwickelte, kam es in der DDR während der fünfziger und teilweise auch in den sechziger Jahren zu einer gewissen Stagnation, gab es Höhen und Tiefen in dieser Entwicklung. Zunächst zu den positiven Erscheinungen und Aktivitäten, die die Jazzszene nicht nur territorial, sondern auch inhaltlich verbreitern und aufwerten halfen:

In den größeren Städten der DDR wurden die ersten Jazzkonzerte veranstaltet. Bis zu diesem Zeitpunkt wurde Jazz meist zu Tanzveranstaltungen gespielt, z. T. als jazzbetonte Tanzmusik (Swingmusik) oder in den Tanzpausen als konzertante Einlagen bzw. nach den Tanzveranstaltungen, wo sich interessierte Musiker zu jam sessions zusammenfanden. Veranstalter waren anfangs noch private Konzert- und Musikunternehmen, die später durch staatliche Konzert- und Gastspieldirektionen abgelöst wurden. Außerdem ergriffen in dieser Richtung auch die FDJ und der Kulturbund erste Initiativen und Aktivitäten. Der Rundfunk nahm erste Jazzsendungen in sein Programm auf, die Vortragstätigkeit erfuhr eine Intensivierung. "Fachvorträge, Diskussionen und Jazzkonzerte (mit informativen Erläuterungen) gelangten zunehmend in das allgemeine Bild des kulturellen Geschehens in der DDR und ließen den Jazz nach und nach zu einem Bestandteil im Musikleben werden".[10]

An Universitäten, Hochschulen, Musikhochschulen, in den Städten Berlin, Dresden, Eisenach, Halle, Jena, Leipzig, Magdeburg, Weimar u.a. entfaltete sich in den fünfziger Jahren eine rege Amateurjazzbewegung. Die ersten Jazzclubs, damals noch vielerorts "Hot Clubs" genannt, entstanden in der Zeit von 1946 bis 1948. Diese Klubs waren anfangs z. T. im sogenannten "Kulturbund zur demokratischen Erneuerung Deutschlands" integriert, wurden dann aber später verboten oder einfach aufgelöst. Die Gründung solcher Klubs blieb allerdings nicht nur auf diese Jahre beschränkt. So wurde z. B. am 05. Dezember 1956 in Karl-Marx-Stadt im "Haus der Freundschaft" auf Initiative der FDJ-Kreisleitung zur Gründungsfeier eines Jazzklubs eingeladen. Auf dem Programm standen ein Vortrag über die Wurzeln und Quellen des Jazz, gehalten von einem Vertreter der Hochschule für Musik Leipzig, sowie Beratungen über die zukünftige Arbeit des Klubs und die Gestaltung der durchzuführenden Klubabende. Diese Jazzklubs initiierten auch die ersten Veranstaltungen und Konzerte, die sich durch ein weit gefächertes und stilistisch vielfältiges Angebot traditioneller und vereinzelt bereits auch moderner Spielweisen auszeichneten. In den fünfziger Jahren und Anfang der sechziger Jahre dominierten in der DDR die traditionellen Stile, vor allem der Dixieland, und es formierten sich u.a. folgende Jazzbands: "New-Orleans-Jazz-Band" (Jena), "Jenaer Oldtimers", "Joachim-Dannenberg-Sextett" (Berlin), "Weißensee-Sextett" (Berlin), "Jazzoptimisten" (Berlin), "Boheme-Sextett" (Dresden), "TH-Combo" (Dresden), "Jazz-Copators" (Halle), "Jürgen-Heider-Sextett" (Magdeburg), "Collegium Musicale" (Leipzig), "Karl-Neuss-Sextett" (Erfurt). Die Dixielandszene wurde fast ausschließlich von Amateuren bestritten. Zentren waren Berlin, Dresden, Leipzig und Halle.

Da die obengenannten "Jazzoptimisten Berlin" über lange Jahre hinweg nicht nur die Jazzszene in Berlin-Ost, sondern in der gesamten DDR nachhaltig prägten, soll an dieser Stelle eine kurze Darstellung ihres Werdeganges erfolgen. Im Jahre 1957 fanden sich in Berlin einige junge enthusiastische Jazzanhänger zusammen, Amateurmusiker, die eine Dixieland-Jazzband, die "Blue Music Brothers", gründeten. Diese Formation war der Vorgänger der späteren "Jazzoptimisten". Sie trat häufig, von Werner SELLHORN moderiert, im Café Friedrichshain und Haus Berlin auf. Diese Band war nach der Auflösung der "Hallenser Dixieland-Jazzband unter der Leitung von Alfons TSCHAKELT für kurze

Zeit die einzige ihrer Art in der gesamten DDR. Ihren ersten großen Erfolg hatte sie während eines Auftrittes zum Fasching an der Hochschule für angewandte und bildende Kunst in Berlin-Weißensee im Februar 1958, bei der der DEFA-Augenzeuge sie filmisch festhielt. Allerdings wurden die jungen Musiker am zweiten Abend ihres Auftrittes, das Publikum "raste" vor Begeisterung, des Hauses verwiesen und erhielten Spielverbot. Als offizielle Begründung ließ man verlauten, daß die Räume die Belastung ob der Begeisterung des Publikums aus statischen und bautechnischen Gründen nicht aushalten würden.

Eine enge Verbindung bestand mit der Interessengemeinschaft der Jazzfreunde im Haus der DSF (Gesellschaft der deutsch-sowjetischen Freundschaft) in der Schönhauser Allee, dem Zentralhaus der DSF und dem Maxim-Gorki-Theater. Im November 1958 erfolgte die Umbenennung: Aus den "Blue Music Brothers" wurden die "Jazzoptimisten". Ende des gleichen Jahres nahm die Band an einer zentralen Leistungsschau der Berliner Kapellen teil. In der Beurteilung der Abteilung Musik des Berliner Hauses für Volkskunst, Oberwallstr. 6/7, vom 13.01.1959 heißt es u.a.:

> "Anläßlich der Berliner Leistungsschauen 1958 stellte sich die Kapelle Jazz-Optimisten unserer Jury vor. Die Kapelle besteht aus sieben jungen Männern, die sich speziell die Aufgabe stellen, die Musik der unterdrückten Neger zu pflegen und zwar im Original... Die Interpretation ist sauber und stilgerecht, an keiner Stelle ordinär oder aufreizend und hat mit dem bekannten rock and roll oder dergleichen Entartung nichts zu tun."[11]

Das Jahr 1960 stellte in der Entwicklung der Band eine entscheidende Zäsur dar. Es folgten Gastspiele im Ausland (CSSR) sowie eine enge Zusammenarbeit bei Veranstaltungen und künstlerischen Aktivitäten unterschiedlichsten Charakters mit dem Funk und dem Fernsehen der DDR, mit AMIGA, der DEFA, dem Deutschen Theater und einer Reihe bedeutender Künstler verschiedener Genres. Sie wirkten u.a. in dem DEFA-Spielfilm "Auf der Sonnenseite" (Musik: Andre ASRIEL) mit, spielten die Bühnenmusik im Wechsel mit der "Tower Jazzband" Berlin und der "Papa Binnes Jazzband" Berlin zu Peter HACKS' "Der Frieden" im Deutschen Theater. Darüber hinaus kam es zum Zusammenwirken zwischen den "Jazzoptimisten" und dem französischen Pantomimen Jean SOUBERAYN und bei literarisch-musikalischen Veranstaltungen - als Beispiel sei die Reihe Jazz-Lyrik-Prosa genannt - zur Zusammenarbeit

Manfred Schulze (bars)

u.a. mit Eberhard ESCHE, Jens GERLACH, Ruth HOHMANN, Manfred KRUG, Armin MÜLLER-STAHL, Gerry WOLF, Marianne WÜNSCHNER. Die "Stammbesetzung" der "Jazzoptimisten Berlin" bildeten folgende Musiker: Meinhard LÜNING (ld, tp), Konrad KÖRNER (cl, saxes), Hermann ANDERS; Hartmut BEHRSING (tb), Walter BARTEL; Bernd WEFELMEYER (p), Hans-Georg SCHÄTZKE (b) und Rainer RIEDEL (dr). Heute noch z. T. in der Jazzszene aktiv: H. BEHRSING, K. KÖRNER und H.-G. SCHÄTZKE.

Neben den Amateuren gab es aber auch eine Anzahl professioneller Tanzmusiker, die sich dem Modern Jazz zuwandten, indem sie die amerikanischen Vorbilder kopierten. Zu diesen Musikern und Formationen gehörten Conrad BAUER, Hubert KATZENBEIER, Ernst-Ludwig "Luten" PETROWSKY, Manfred SCHULZE, Manfred HERING, Günter "Baby" SOMMER, die "Eberhard-Weise-Combo" (1952), das "Werner-Pfüller-Quartett" (1956), das "Manfred-Ludwig-Sextett" (1962). Später kamen noch hinzu: "Radio-DDR-Combo", "Theo-Schumann-Combo", die Musiker Alfons WONNEBERG (comp, arr, p), Friedhelm SCHÖNFELD (reeds), Joachim DANNENBERG, Volkmar SCHMIDT (saxes, cl) u.a.

Im Jahre 1957 wurde unter Leitung von Eberhard WEISE (ld, comp, arr, p) ein Orchester aufgebaut, das, wie die DTS um eine eigene künstlerische Aussage bemüht war. Es existierte bis 1960 und war eine Vereinigung junger Nachwuchsmusiker, die sich dem Jazz "verschrieben" hatten, und die sich durch musikalische Experimentierfreudigkeit und Kompromißlosigkeit auszeichneten, frei von kommerziellen Interessen musikalisches Neuland zu erobern bereit waren und damit ebenfalls einen wesentlichen Beitrag zur weiteren Profilierung des DDR-Jazz leisteten. Die ersten Konzerte und Versuche dieses Klangkörpers, das Neue zu dokumentieren, hatten zunächst noch keine Breitenwirkung, von internationaler Resonanz ganz zu schweigen! Sie stießen eher auf harte Kritik und Zurückhaltung. Zu einer rühmlichen Ausnahme zählt in diesem Zusammenhang der Kommentar der "Dresdener Nationalzeitung" (Dezember 1957), den sie über ein Jazzkonzert dieser Big Band, die erstmals in der DDR-Jazzentwicklung experimentelle Wege beschritt und zu dieser Zeit damit in "leere Räume" vorstieß, abgab:

> "... die Hörlustigen ... lauschten mit einer Ernsthaftigkeit i h r e r Musik, daß man sich in ein Sinfoniekonzert versetzt glaubte ... Den Beschluß machte das Orchester Eberhard Weise (Görlitz), das sich zum Teil dem progressiven Jazz verschrieben hat und

einige interessante Nummern in diesem Stil darbot ...
Alle Ausführungen wurden mit verdientem Beifall bedacht"
(Nationalzeitung Dresden vom Dezember 1957).

Weitere Teilnehmer dieses Konzertes waren die "Elb Meadow Ramblers" mit Karlheinz DRECHSEL am Schlagzeug, und das "Theo-Schumann-Quartett". Damit begann sich im DDR-Jazz eine Zweiteilung herauszubilden, die bis in die achtziger Jahre - wenn auch unter anderen Bedingungen - existent blieb.

DIE "DÜSTEREN FÜNFZIGER" UND
DIE SECHZIGER JAHRE

Im Gegensatz zu diesen positiven Ansätzen gab es in den fünfziger und sechziger Jahren Tendenzen, die es dem Jazz in der DDR schwer machten, sich weiterzuentwickeln und Fuß zu fassen. Anhänger dieser Musik gab es genug, aber eine Unterstützung durch staatliche Kulturpolitik war kaum oder gar nicht vorhanden, zumal der Jazz in der DDR damals "in großer Verkürzung nicht selten als Ausdruck des sich über Westeuropa verbreitenden 'Amerikanismus' mißverstanden"[1] und ihm deshalb wenig Verständnis entgegengebracht wurde. Daher kam es oft zu "undialektischen Simplifizierungen und bis geradezu ins Lächerliche übertriebenen Verdikte(n)".[2]

Jazzveranstaltungen wurden mit der Begründung, sie seien unerwünscht bzw. es sei kein Interesse für sie vorhanden, nicht mehr durchgeführt, teilweise sogar verboten. Die Jazzklubs wurden aufgelöst, ihre Arbeit eingeschränkt und Musikern Spielverbote auferlegt. Es kam zu Überprüfungen, sogar zur Beschlagnahme von Schallplatten, Literatur und Jaazzpublikationen aus der BRD, die Referenten für ihre Vorträge verwendeten, kurzum zu einer besonderen "Politisierung" des Jazz und seines Umfeldes. In diesem Zusammenhang und an dieser Stelle drei ausgewählte Beispiele, die für die damalige Gesamtsituation charakteristisch und bezeichnend gewesen sind:

1. Dem aus zehn Musikern bestehenden Orchester Ernst KNAUTH wurde in Chemnitz und Umgebung Ende der vierziger Jahre ein Spielverbot auferlegt, da es Bebopjazz von Charlie PARKER spielte.

2. Im September 1957 fand ein Jazzkonzert im Jugendklubhaus "Jupp Angenforth" in Karl-Marx-Stadt (Chemnitz) statt. Es war ausverkauft und ein voller Erfolg. Die Durchführung solcher Jazzkonzerte wurde nicht mehr gestattet. Der Leiter des zuständigen Jazzklubs[3] wandte sich am 04.10.1957 mit einer Beschwerde an die "Volksstimme". In dem Antwortschreiben vom 15.10.1957 heißt es u.a.:

   "Wenden Sie sich doch bitte einmal in dieser Angelegenheit an jene Stellen, auf deren Betreiben der Klub gegründet wurde. Als Presse können wir nur unsere Meinung dazu sagen und die ist, daß es uns auf die Pflege der sozialistischen

Kunst ankommt. Bei Musik, die Elemente des Volksschaffens enthält, bevorzugen wir es, die Menschen mit dem realen musikalischen Gut der Länder des Sozialismus bekannt zu machen. Dessen Pflege ist unserer Auffassung nach vor allem in Nöten."

3. In einem anderen Schreiben des Kulturbundes (Klub der Intelligenz) Karl-Marx-Stadt vom 09.07.1960 an den o.g. Jazzklubleiter heißt es im Zusammenhang mit seiner Vortragstätigkeit:

"Das Musikaktiv des Kulturbundes hat sich mit der Frage der Fortsetzung der Jazzabende befaßt und ist zu der Auffassung gelangt, daß diese Abende in der bisherigen Form nicht fortgesetzt werden sollten. ... Die Klubleitung hat in ihrer letzten Sitzung beschlossen, die Mitglieder einzuladen, an einer Interessengemeinschaft Jazz teilzunehmen, so daß der Besuch auf Klubmitglieder beschränkt bleibt. ... Vorsorglich möchte ich Sie ... um Verständnis bitten, wenn wir die Jazzabende, wie sie ursprünglich gehalten wurden, nicht in das neue Programm aufnehmen."

In einem weiteren Schreiben vom 04.09.1961 heißt es dann:

"Aufgrund verschiedener Diskussionen mit Angehörigen der Intelligenz haben wir beschlossen, Jazz-Abende wieder in unser Programm aufzunehmen. Sie sollten allerdings in Form einer Interessengemeinschaft nur Klub- und Kulturbundmitgliedern zugänglich sein."

Die letzte Zeile auf einer der Einladungen (05.12.1961) zu einem solchen Abend lautet: "Zutritt zu dieser Veranstaltung haben nur Klub- und Kulturbundmitglieder nach Vorlage ihres Ausweises."

Ähnlich reagierte auch unsere Musikwissenschaft auf den Jazz: Obwohl gewisse Elemente des archaischen Jazz bejaht wurden, namentlich seine Vitalität, Farbigkeit, die Improvisation und auch der Humor, Züge, "die bei der Schaffung einer neuen zeitgemäßen Tanz- und Unterhaltungsmusik durchaus brauchbar wären"[4], herrschte Ratlosigkeit über seine Einordnung, und größtenteils begegnete man ihm mit Unverständnis und Ablehnung. Ernst Hermann MEYER schätzte beispielsweise den Jazz als "schwül-sentimental, verlogen und schlimmer als wertlos" ein, bezeichnete ihn als "Kanal, durch den das barbarisierende Gift des Amerikanismus eindringt und die Gehirne der Werktätigen zu betäuben droht. Diese Bedrohung ist ebenso gefährlich wie ein militärischer Angriff mit Giftgasen". Die Musik Stan KENTONS wird von ihm als "ein abgerissenes, bösartiges, barbarisches Toben"[5] bewertet. Georg KNEPLER äußerte dazu, daß die "Entwicklungsgeschichte des Jazz ein kompliziertes und undurchsichtiges Kapitel der Musikgeschichte"[6] sei und stellt die Frage: "Selbst wenn man die Musik der Neger ... liebt - braucht man ihr deswegen eine so außergewöhnliche Ausnahmestellung, mit Lehrstühlen, Zeitschriften und Klubs einräumen ...?"[7] Ähnliche Einschätzungen und Wertungen gab auch die sowjetische Musikwissenschaftlerin Walentina D. KONEN[8] über den Jazz ab:

"Die Zwiespältigkeit des Jazz trat schon in den ersten Jahren seines Werdens in Erscheinung. Tatsächlich ist der Jazz entstanden als Ausdruck der geistigen Leere der Nachkriegszeit (wir meinen den ersten Weltkrieg 1914/18) ... Als ironische Grimasse, als groteske Verspottung der verlorenen Ideale, als Mittel unverhüllt sinnlichen Genusses war der Jazz ein typisches Kind der dekadenten amerikanischen Stadtkultur der Nachkriegjahre."[9]

Erschreckend, diese auf Unkenntnis und mangelnder Fachkompetenz abgegebenen Urteile! Aus heutiger Sicht nicht mehr vertretbar und geradezu lächerlich! Nicht nur der historische Abstand, sondern auch neue historische Erkenntnisse, gewonnen aus der schonungslosen Offenlegung der Geschichte der letzten vierzig Jahre, die bisher mit dem Mantel des Schweigens umgeben waren, ermöglichen nunmehr eine kritische Einschätzung und Ursachenanalyse. Was waren nun die Gründe für eine solche verkürzte Sicht, Fehlurteile dieser Art, die Voreingenommenheit gegenüber dem Jazz und seinen Anhängern sowie für die Repressalien, denen sie ausgesetzt waren? A l l e Gründe stehen im engen Zusammenhang mit der fünfundvierzig Jahre währenden Entwicklung in den sozialistischen Ländern Osteuropas, die durch den Stalinismus, Poststalinismus und seine verheerenden Folgen geprägt ist.

Speziell die DDR ist in diesem Umfeld unter recht zwiespältigen Bedingungen entstanden und gewachsen. Auf der einen Seite war sie ein Teil des von den Siegermächten des zweiten Weltkrieges besetzten Deutschlands und hatte sich von Anfang an kompakter politischer, ideologischer und ökonomischer Zwänge und Angriffe der westlichen Welt - im März 1946 gab Sir Winston CHURCHILL mit seiner Rede in

Fulton das "Startzeichen" zum kalten Krieg - sowie der Vereinnahmungsambitionen der Bundesrepublik zu erwehren. Das alles führte zu einer schroffen Abgrenzung der DDR, sowohl nach außen, als auch nach innen. Die Folge: Intoleranz wurde zur "kommunistischen Tugend"[10] verklärt, erhärtet durch das stalinistische Dogma der Unabwendbarkeit eines sich verschärfenden Klassenkampfes beim Aufbau des Sozialismus. "Andererseits lebte der zutiefst demokratische Geist des antifaschistischen Widerstandes fort und begünstigte das Bemühen, nicht nur an kommunistische, sondern auch an sozialdemokratische und bürgerlich-fortschrittliche Traditionen anzuknüpfen. Literatur und Kunst konnten sich a n f ä n g l i c h (Hervorhebung durch den Autor) einen beträchtlichen Freiraum bewahren."[11]

Obwohl sich die Stalinisierung in der DDR vergleichsweise zu den anderen osteuropäischen Ländern langsamer vollzog, konnte sie sich ihr letztendlich ebenfalls nicht entziehen. Die weitere Entwicklung der DDR wurde durch die Merkmale eines "epigonalen Poststalinismus"[12] bestimmt: Partei- und Personenkult, Bevormundung von Wissenschaft und Kultur, Einengung schöpferischer Möglichkeiten, Intoleranz und Abschirmung von der Außenwelt. Das war auch die Basis für die kulturpolitischen Konzepte und Strategien für vier Jahrzehnte: Kulturelle und soziale Lebensprozesse wurden verstaatlicht, nach diesen politisch-ideologischen Prämissen ausgerichtet und zentralistisch verwaltet.

Stärker als andere sozialistische Staaten hat die DDR Kunst und Politik aneinandergekoppelt: "Die besondere 'Politisierung' ... ergab sich ... aus (dem) ... Engagement für die radikale Gesellschaftsumwälzung in der deutschen Geschichte und für die Verteidigung des Friedens als des wichtigsten Inhalts wie der äußeren Grundbedingungen des Aufbaus einer neuen Gesellschaft".[13] Die Bemühungen zielten in diesem Zusammenhang darauf ab, diesem neuen Staat möglichst rasch ein neues Selbstbewußtsein zu geben, ihm Eigenständigkeit zu verleihen und sich darin auch nach außen abzugrenzen. Hinzu kam die Annahme, die gesellschaftliche Entwicklung auf der g a n z e n Welt würde nun einen raschen Übergang auf die Positionen des Sozialismus bringen, ebenso wie der Glaube, diese neue Gesellschaftsordnung würde sich auf deutschem Boden relativ linear und problemlos durchsetzen. Andererseits war ein Wiedeaufbau zu leisten, der die Kraft aller, und zwar im k o l l e k t i v e n Handeln, erforderte, und in dem für unverwechselbare Individualität in diesen Jahren zwangsläufig wenig Platz war.

In dieses komplizierte Bedingungsgefüge waren kulturpolitische Auffassungen und Praktiken der Partei eingebettet, die zu dieser Zeit "Massenkultur" als ein Phänomen bürgerlichen Kulturverfalls betrachteten, weshalb ihre Produkte oft abgelehnt und bekämpft wurden. Dem Begriff der Massenkultur wurde als Programmatik und Praxis die "kulturelle Massenarbeit" entgegengesetzt. Sie bildete die Basis für das Konzept einer eigenständigen sogenannten sozialistischen Nationalkultur, woraus wiederum die irrige "Staatstheorie" von zwei unterschiedlichen deutschen Kulturen abgeleitet wurde, die im krassen Widerspruch zur Realität stand. Dazu Walter JANKA:

"Nach meiner Meinung hat es immer eine einheitliche deutsche Kultur, Literatur und Filmkunst gegeben ... Ich bin der Auffassung, daß die Intellektuellen, die Geistesschaffenden sich nicht auf das Eis der Theoretiker des sozialistischen Realismus begeben dürfen, die uns immer einreden wollten, daß es zwei Kulturen gibt, zwei Literaturen usw. Es gab auch in den schwärzesten Zeiten immer nur eine deutsche Kultur, Literatur und Kunst".[14]

Dieses kulturpolitische Konzept der Partei orientierte primär auf die Aneignung "sozialistisch-realistischer" Kunstwerke, des kulturellen humanistischen Erbes, auf die Verbreitung der "wahren Werte der Kultur", mit dem Ziel, eine "Kultur der Arbeiterklasse", eine der kommunistischen bzw. sozialistischen Gesellschaftsordnung wesenseigene "wahre Volkskultur", eine Kultur für die Massen zu entwickeln, um auf diese Weise durch Volkserziehung und die Arbeit mit den Massen unter der Losung "Stürmt die Höhen der Kultur" zu einer Kultur der Massen zu gelangen.[15] Das implizierte aber gleichzeitig den Gedanken, daß die Massen sich in kulturellen "Niederungen" befanden, an den falschen Sachen Spaß hatten und das doch gefälligst sein lassen sollten. Dieses einseitige und im wesentlichen kunstkonzentrierte Konzept richtete sich gegen die unter den Massen populären Produkte der Massenkultur. Auf dieser Grundlage entstand u.a. eine kulturpolitische Rezeptionsstrategie in der Musikpraxis, der eine bestimmte Kunstauffassung zur kulturell-ideologischen Bewertung der im kapitalistischen Ausland entstandenen kulturellen und musikalischen Erzeugnisse zugrunde lag. So wurden z. B. der Jazz oder auch der Rock'n' Roll nur nach ihren musikalischen Strukturen bzw. den Texten beurteilt und deshalb häufig als musikalisch hektisch und aufreizend zurückgewiesen, als Transportmittel imperialistischer Ideologie globalisiert, gewertet und abgelehnt. Bemühungen zur Entwicklung einer alternativen Tanz- und Unterhaltungsmusik - der

Jazz wurde dabei überhaupt nicht erwähnt - blieben umstritten, fragwürdig und konnten letztendlich nicht funktionieren, da ihre gesellschaftliche Rezeptionsgrundlage oft nur subjektiver Art war bzw. gänzlich fehlte.

Bei "Gefahr der Aufgabe" d i e s e r Positionen konnte es sich die DDR deshalb nicht "leisten", sich mit derartigen Phänomen wie dem Jazz, die dazu noch aus der "anderen" und "falschen" Richtung kamen, auseinanderzusetzen. Oft genug wurde dabei die Kunst auf Propaganda gekürzt, wurde sie als moralische Hilfe, als didaktisches Hilfsmittel eingesetzt.

Aber gerade diese verkürzten Vorstellungen von einer möglichst raschen Entstehung ideologischer und sozialer Homogenität - in praxi wurde es auf die Formel "Übereinstimmung gleich Einstimmigkeit" gebracht -, waren irreal. Dieses unitäre Denken, daß in der Öffentlichkeit so getan wurde, "als würde ein ganzes Volk nur das gleiche denken, als gäbe es nur einheitliche Denkstrukturen"[16], hatte für den Jazz in der DDR beträchtliche Folgen, bedeutete nach dem "Dritten Reich" eine erneute Unterbrechung in der kontinuierlichen Entwicklung und daher Stagnation: Fast über zwei Jahrzehnte hinweg war keine spürbare Qualitätssteigerung zu verzeichnen, wurde die Gründung kontinuierlich probender und auftretender Jazzformationen behindert, waren regelmäßige Tourneen repräsentativen Charakters nicht möglich und Jazzkonzerte, Gastspiele usw. blieben Einzelerscheinungen.

Obwohl dadurch in den fünfziger und sechziger Jahren die Kontinuität der Jazzentwicklung in der DDR empfindlich gestört wurde, war das aber keineswegs ihr Ende. Worin sind hierfür die Ursachen zu sehen?

Der Jazz suchte auch zu dieser Zeit - und das nicht nur im internationalen Maßstab, sondern ebenso in der DDR - ständig und weiterhin nach neuen Lösungen, Wegen und Artikulationsmöglichkeiten. Er unterlag im Laufe dieser Entwicklung unter Wahrung seiner spezifischen und wesensbestimmenden Merkmale einem permanenten Wandel, einer ständigen Weiterentwicklung und Differerenzierung. Heute ist inzwischen diese Differenzierung so weit fortgeschritten, daß seine problemlose Einordnung in das historisch überlieferte System von Traditions- und Musikverständnis und eine eindeutige Zuordnung zu Begriffen, die dieser Sphäre entstammen, nicht mehr möglich ist. Die musikalischen Prozesse sind inzwischen längst viel differenzierter geworden als unsere begriffliche Abbildung davon. Deshalb fällt der Jazz auch sicherlich durch das Raster einer Unterscheidung zwischen sogenannter "U"- und "E"-Musik. Aber gerade d a r i n liegt eine der w e s e n t l i c h e n Möglichkeiten seiner Wirkungspotenz, daß er eben zwischen diesen verschiedenen Funktionen changiert und sie unter Umständen in glücklichen Kombinationen auf eine so spezifische Weise miteinander synthetisiert, daß eine ganz n e u e Art von Musikpräsentation, -produktion und -rezeption stattfindet, die mit keiner sich in Europa historisch ausgebildeten Musikrichtung vergleichbar wäre. Das macht die Wirkung des Jazz und seine Faszination aus. Das ist es auch, was einerseits den administrativen Umgang mit ihm so erschwerte und erschwert und was ihn andererseits in dieser so schwierigen Zeit im sozialen Umfeld der fünfziger und sechziger Jahre der DDR lebens- und funktionsfähig erhielt. Hinzu kam, daß all das überlagert wurde von einem auf diese Musik übertragenen "Prinzip Hoffnung" (wie es Ernst BLOCH bezeichnete) auf veränderte soziale Bedingungen und den gleichzeitigen Anspruch, in der Musikausübung ebenso wie in der Aneignung Spannungslösung, Erträglichkeitsbarmachung des gegenwärtigen Zustands zu finden. Damit ist ein wesentlicher Signalgehalt afroamerikanischer Musik gesetzt, der im Jazz nachwirkt, ihn nachhaltig beeinflußt, auch wenn sich im Verlaufe seiner Entwicklung Schwerpunktverschiebungen ergeben haben, womit sich der Jazz anderen Kunstformen gegenüber im Vorteil befindet. Dave BRUBECK (p, comp) äußerte sich dazu sehr treffend: "Jazz ist wahrscheinlich die einzige heute existierende Kunstform, in der es die Freiheit des Individuums ohne den Verlust des Zusammengehörigkeitsgefühls gibt".[17] Hier liegen sicher auch die Ansätze dazu, daß der Jazz weltweit diese Popularität erreichen konnte und selbst unter anderen politischen Verhältnissen, aber eben im gleichen weltpolitischen Kontext funktioniert.

Nach dieser zögernden und langsamen Entwicklung der Nachkriegszeit und der fünfziger Jahre wurde Anfang der sechziger Jahre in der DDR ganz allmählich eine Etappe des "Umbruchs" in der Jazzentwicklung eingeleitet:

> "Das neue Jahrzehnt brachte neue Qualität und Aktivität, neue Normen, größere stilistische Breite, Publikationen jazztheoretischer Schriften und sprunghaftes Anwachsen der nationalen wie internationalen Konzerttätigkeit in den Jazz der DDR".[18]

Im internationalen Jazzgeschehen ist dieser Umbruch auf das Ende des

Jahres 1960 zu fixieren, als am 21. Dezember 1960 Ornette COLEMAN mit seinem legendär gewordenen Doppelquartett die Schallplatte "Free Jazz" produzierte. Mit dieser radikalen Wende internationalen Ausmaßes begann nicht nur die Emanzipation des europäischen Jazz vom amerikanischen Vorbild, sondern eine Etappe der Jazzentwicklung, durch die auch der Jazz in der DDR entscheidend geprägt wurde, und der bis Ende der achtziger Jahre ein beachtliches Niveau erreichte.

Dieser Emanzipationsbegriff muß allerdings relativ gesehen werden, da sich zunächst an der epigonalen Rolle des Gros der europäischen Jazzmusiker kaum etwas änderte und es erst in der zweiten Hälfte der sechziger Jahre zu einer p a r t i e l l e n Lösung vom amerikanischen Vorbild kam. Inzwischen existieren in Europa und auch Asien (vor allem Japan) eine ganze Reihe von Jazzformationen und -solisten, die gegenüber dem Free Jazz afroamerikanischer Prägung durchaus eine eigene und selbständige musikalische Konzeption verfolgen und aufweisen können. Die Ursachen hierfür liegen sicher nicht nur im "freien" Spiel begründet, sondern in einer intensiven Auseinandersetzung mit der afrikanischen, asiatischen und lateinamerikanischen Musikkultur, d. h. in der Öffnung zu anderen musikalischen Bereichen und Kulturen, die für den Jazz vorher nicht existent waren. In einigen Teilen Europas (auch in der DDR) gehörte dazu auch die e i g e n e Musiktradition. Es ist kein Zufall, daß dieser Öffnungs- und Emanzipationsprozeß zeitlich zusammenfielen. Sie bedingen einander, und der eine ist Bestandteil des anderen. Diese Breitenentwicklung des Jazz brachte auf internationaler Ebene nicht nur gravierende musikalische Veränderungen mit sich, sondern auch seine internationale Konsolidierung, die in der Koordinierung und Organisation künstlerisch-musikalischer, musikwissenschaftlicher, organisatorisch-struktureller, journalistischer und publizistischer Aktivitäten ihren Ausdruck fand. So wurden Ende der vierziger Jahre die ersten internationalen Jazzfestivals ins Leben gerufen, die auch in den nachfolgenden Jahren fortgesetzt und zur Tradition wurden. Sie demonstrierten künstlerische Leistungen, gaben neue Impulse und zeigten Tendenzen auf. Sie entwickelten sich sowohl in den sozialistischen als auch kapitalistischen Ländern zu einer repräsentativen Veranstaltungsform. Immer häufiger wurde der Jazz in Kulturabkommen einbezogen. In vielen Ländern der Welt entstanden Aktivgruppen und Verbände von Jazzmusikern. 1969 wurde anläßlich des polnischen Jazzfestivals "Warschauer Jazzjamboree" die "Europäische Jazzföderation" gegründet, eine Aktivgruppe in sozialistischen und kapitalistischen

Ländern, die 1973 in den Internationalen Musikrat der UNESCO, dem "International Music Council" aufgenommen wurde. Zwei Jahre später, 1975, konstituierte sich die "Internationale Jazzföderation", der auch Vertreter sozialistischer Länder angehörten. Sie besitzt ein eigenes Publikationsorgan, "Jazzforum" mit Redaktionssitz in Warschau, das zweimonatlich erscheint und international vertrieben wird. In diesem internationalen Kontext muß die Jazzentwicklung in der DDR gesehen werden. Ebenso wie in den anderen Ländern Europas wurden zunächst die amerikanischen Vorbilder nachgespielt. An e i g e n s t ä n d i g e künstlerische Modifikationen, Ansätze oder Tendenzen war zunächst noch nicht zu denken. Unter etwas anderen Vorzeichen und schneller verlief die Entwicklung während der vierziger und fünfziger Jahre in Polen und der CSSR (CSR). Das liegt einerseits darin begründet, daß diese Länder nicht dieser u n m i t t e l b a r e n politisch-ideologischen und ökonomischen "Konfrontationen" gegenüber der "kapitalistischen Welt" (wie das bei der DDR der Fall war) ausgesetzt gewesen sind, daß sie andererseits bereits vor dem Krieg eine gewisse Jazztradition aufzuweisen hatten und dort schon Ende der fünfziger Jahre die ersten Jazzfestivals (Prag und Warschau) stattfanden, die die Auf- und Kenntnisnahme internationaler Trends ermöglichten. Davon profitierten auch die Jazzmusiker aus der DDR, die als Teilnehmer dieser Festivals von den Kontakten zur internationalen Szene zum eigenständigen Experimentieren inspiriert wurden. Dieser "aktive Prozeß der Auseinandersetzung mit den überkommenen (amerikanischen) Stilistiken des Jazz"[19] erfolgte in der DDR Mitte der sechziger Jahre in Form eines qualitativen Sprunges. Es wurde ein Niveau erreicht, das sich grundsätzlich von den Jahren zuvor unterschied. Die bedeutendsten Ergebnisse einer qualitativen Weiterentwicklung zeichneten sich vor allem in dem vom afroamerikanischen Free Jazz determinierten und inspirierten zeitgenössischen Musizierbereich ab. Erst der Free Jazz also ermöglichte eine eigenständige Entwicklung des europäischen Jazz: "Basis der europäischen Freejazz-Entwicklung war gewiß der Nach- bzw. Mitvollzug des amerikanischen, in seiner Essenz afroamerikanisch geprägten Jazz bis zu dem Punkt, der die europäischen Musiker auf die Reflexion ihres Backgrounds verwies, so daß die Frage nach ihrer Identität unabweisbar wurde."[20] In diesem Sinne begann auch in der DDR die Suche nach einem eigenen künstlerischen Konzept und unverwechselbarer Identität, ein komplizierter Prozeß, eine Profilierung auf neuer ästhetischer Stufe, der gleichermaßen neue Anforderungen sowohl an die Musiker als auch an die Rezipienten stellte, die nicht mehr mit einem auf konkreten Vorgaben basierenden Jazzstil vergleichbar waren. Trotz der einschneidenden Veränderungen, die damals in der internationalen und in der Jazzszene der DDR zu konstatieren waren, setzte sich diese neue Qualität nicht unittelbar, sondern prozeßhaft durch. Dafür gab es folgende Gründe: Das musikalisch Neue mußte erst einmal verarbeitet werden. Es bestand nicht sofort Klarheit über den möglichen Verlauf dieser Entwicklung. Bei vielen Musikern war der Free Jazz ein "mehr oder weniger hemmungsloses Ausbrechen, in dem einer kaum mehr auf den anderen hörte", und es bestand häufig die "Kompromißhaltung, alles machen zu wollen".[21] Ernst Ludwig PETROWSKY spricht in diesem Zusammenhang von anarchischen, spontan durchlebten "Kaputtspielphasen"[22], als eine Folge der äußerst vielfältig reflektierten Emanzipation vom vorher als übermächtig empfundenen amerikanischen "Vor- bzw. Vaterbild". Parallel dazu ging ein Sich-Besinnen auf eigene kulturelle und musikalische Traditionen und ein Anschluß an die Erfahrungen der musikalischen Avantgarde einher. Hinzu kam, daß der Jazz zu diese Zeit in der DDR noch nicht professionell ausgeübt werden konnte. Diese Profession konnte sich ein Musiker aus finanziellen Gründen nicht leisten. In erster Linie waren es professionelle T a n z m u s i k e r , die sich nebenbei, in ihrer Freizeit, als "Hobby" sozusagen, mit diesen avantgardistischen Innovationen der internationalen Jazzszene auseinandersetzten und sich mit ihnen beschäftigten. Das erschwerte und behinderte eine i n t e n s i - v e musikalische Beschäftigung und Auseinandersetzung mit den neuen Erscheinungsformen dieser Musik. Musiker wie C. BAUER, H. KATZENBEIER, Klaus KOCH, Joachim KÜHN (p), F. SCHÖNFELD, M. SCHULZE, G. SOMMER, E.-L. PETROWSKY und E. WEISE können als die "Motoren" angesehen werden, die trotz aller Hindernisse die Entwicklung vorantrieben. J. KÜHN und F. SCHÖNFELD gründeten Trios, die als erste feste Free Jazz-Formationen der DDR angesehen werden können und von sich reden machten. F. SCHÖNFELD leistete auf diesem Gebiet Pionierarbeit, obwohl für ihn immer "ein gewisses Traditionsbewußtsein wesentlich"[23] blieb. Er war nicht nur Musiker, sondern auch Inspirator und Organisator seiner Formationen und verstand es, "Möglichkeiten zu schaffen, die es musikalisch auszuschöpfen"[24] galt, um in der Öffentlichkeit mit dieser Musik künstlerisch wirksam zu werden, auszustrahlen und neue Maßstäbe zu setzen.

1966 erzielte das "Friedhelm-Schönfeld-Trio" mit F. SCHÖNFELD (ld, fl, saxes), Klaus KOCH (b), Günter "Baby" SOMMER (dr) den entscheidenden Durchbruch und "brachte in den Jazz der DDR jenes künstlerische Selbstbewußtsein ein, mit dem er sich in den folgenden

Jahren allmählich von den amerikanischen Vorbildern emanzipierte".[25] Seit 1976 organisierte F. SCHÖNFELD in seiner Eigenschaft als Musikdramaturg des "Tip" (Theater im Palast) entsprechend seiner Auffassung von der Notwendigkeit internationaler Kontakte und Einflüsse Konzerte, Workshops und andere musikalische Ereignisse und Höhepunkte, die für die Jazzentwicklkung in der DDR und alle Beteiligten, sowohl Musiker als auch Hörer, gewinnbringend waren. Sein Trio mit K. KOCH und G. SOMMER wirkte nicht nur in der DDR, sondern nahm auch erfolgreich an internationalen Jazzfestivals teil und produzierte 1972 eine Langspielplatte.

Neben F. SCHÖNFELD waren es vor allem die Musiker, die sich um Conrad BAUER, Günther FISCHER, Ulrich GUMPERT, Klaus LENZ und Manfred SCHULZE formierten und **bedeutende Beiträge zu diesem Emanzipationsprozeß** leisteten. Diese qualitativ bedeutenden musikalischen und künstlerischen Innovationen brachten die allmähliche offizielle Anerkennung des Jazz, aber auch Veränderungen im Publikum mit sich. Hierfür waren eine Reihe von Gründen entscheidend: Daß sich zunehmend ein Teil des Publikums und junge Musiker für den Jazz interessierten, ist sicher auch auf die zunehmende Popularität der Rockmusik zurückzuführen, die das Bestreben, mit unterschiedlichsten Arten der populären Musik umzugehen, stimulierte. Aber gerade für diejenigen, für die die Rockmusik bald musikalisch zu eng wurde, bot der Jazz die Möglichkeit des weiteren Experimentierens. Was die Rockmusik sozusagen auf einer "volkstümlichen" Ebene bot, wurde von diesen Musikern, aber auch vom Publikum auf einer anderen, intellektualisierteren Ebene gesucht. Andererseits dürfen auch soziale Prozesse in diesen Zusammenhängen nicht außer acht gelassen werden. Verantwortlich dafür dürfte vor allem das gewesen sein, was damals allgemein unter dem Schlagwort "Anwachsen des subjetiven Faktors" gefaßt wurde. Die großen Gesellschaftsentwürfe der frühen fünfziger Jahre waren von der Realität überholt worden. Der Aufbau des Sozialismus in der DDR stellte sich als ein vielgestaliger und komplizierter Prozeß dar, der nicht von heute auf morgen zu bewerkstelligen war und der auch Rückschläge einschloß.

Er konnte zudem nicht losgelöst von einem weltpolitischen Klima betachtet werden, das zu dieser Zeit alles andere als einfach zu nennen war und sogar die Gefahr der Vernichtung der gesamten Menschheit in sich einschloß. Die Realität war nicht mehr mit einem einfachen "So ist das!" zu bewältigen. Bei allem grundlegenden Optimismus gab es auch

Ängste und Unzufriedenheiten. Andererseits - und das sprach für das gewachsene Selbstbewußtsein der DDR - wurde nunmehr nicht nur das Kollektiv, sondern auch der Einzelne nach seiner Haltung und Leistung befragt. Es setzte sich die Erkenntnis durch, die zwar vom Marxismus schon immer vertreten wurde (aber doch in unterschiedlicher Qualität), daß gerade die Unverwechselbarkeit der Individuen letztendlich das Gesamtgesellschaftliche ausmacht. Hinzu kommt, daß die Problematik der Erbeaneignung und die Fragestellung nach den "Bündnispartnern" unter dieser politischen Weltsituation neu gestellt werden mußte und auch gestellt wurde. Genauso wie u.a. die Literaturwissenschaft daranging, historische, aber auch aktuelle Erscheinungen der spätbürgerlichen Kunst neu zu überdenken und zu bestimmen, sah sich auch die Musikwissenschaft vor die Aufgabe gestellt, diese Fragen zu beantworten.

Ein ebenso formendes wie einschneidendes Ereignis für den Jazz in der DDR war die Gründung des "Jazzensembles Studio IV", mit E.-L. PETROWSKY, Hans-Joachim GRASWURM, H. KATZENBEIER, K. KOCH, E. WEISE und Wolfgang WINKLER (dr). Diese Band, frei von kommerzieller und künstlerischer Einengung, mit deren Gründung und Leitung E.-L. PETROWSKY 1967 b e a u f t r a g t wurde, war die erste ihrer Art, die "offiziell" akzeptiert wurde. Es war ein Verdienst des Rundfunks, daß ihre Gründung zustande kam. Damit war der eigenen Produktion, die sich dem zeitgenössischen Jazz widmen konnte, der Weg geebnet und ein weiteres modernes Jazzensemble entstanden, das 1969 seine erste Langspielplatte produzierte.

Neben diesen bisher erwähnten Formationen, die sich der neuen Spielweise widmeten, gab es Musiker, die sich im Mainstream-Jazz profilierten. Nach der Auflösung des Orchesters von E. WEISE entstand 1962 das "Manfred-Ludwig-Sextett" mit E.-L. PETROWSY, M. SCHULZE, Heinz BECKER (tp) u.a., was sich vor allem am Hard Bop orientierte. 1969 gründete M. SCHULZE ein eigenes Bläserquintett. Klaus LENZ (ld, comp, arr, tp) gründete 1961 das "Quintett 61", das sich ebenfalls am Hard Bop orientierte. Das 1962 gegründete "Klaus-Lenz-Sextett" formierte sich seit 1965 durch permanent wechselnde Besetzung ständig neu, wodurch große Freiräume zum Experimentieren für viele Musiker geschaffen wurden. Diesem Sextett gehörten u.a. G. FISCHER, Reinhard LAKOMY (p), Henning PROTZMANN und U. GUMPERT an. Die besten jungen Jazzmusiker wurden von K. LENZ 1963, 1965 und 1968 zu Big Bands zusammengefaßt. Letztere bestand ein Jahr und gab zahlreiche Konzerte. Fünf Jahre später, 1973, fusionierte die "Lenz-Band" mit der "Modern Soul Band", deren Gesangssolistin Uschi BRÜNING war. Mit diesen Initiativen und seiner Experimentierfreudigkeit wurde K. LENZ fast so etwas wie ein "spiritus rector" der Jazzszene der sechziger Jahre und vermittelte dem Rockjazz in der DDR wertvolle Impulse. Das 1967 gegründete Quartett von G. FISCHER, dem Fred BAUMERT (g), Wolfgang GREISER (bg) und Wolfgang "Zicke" SCHNEIDER (dr) angehörten, musizierte modernen Jazz mit Pop-Einflüssen. 1969 stellte der Jazzpianist U. GUMPERT ein Quartett zusammen. Weitere Formationen, die zu dieser Zeit entstanden, waren das "Rolf-Kühn-Quartett" (1964-1966), das "Modern-Blues-Sextett", das "Bossa-Nova-Quartett", die "Gerhard-Stein-Combo" u.a.

Während sich die genannten Formationen vorwiegend den modernen Spielweisen des Jazz zuwandten und sich aus professionellen Musikern etablierten, gab es Musiker, besonders Amateure, die sich auch in den sechziger Jahren intensiv mit der Pflege des traditionellen Jazz (Dixieland und Swing in erster Linie) widmeten. Dixieland-Jazzbands dieser Jahre waren (und sind es z. T. heute noch) die "Elb-Meadow-Ramblers" aus Dresden, das "Jazzcollegium"(mit Ruth HOHMANN), die "Papa-Binnes-Jazz-Band", die "Tower-Jazzband" und die "Mr. Rolands's Jazzin Kids" aus Berlin, die "Havel Town Stompers" aus Potsdam, die "Uni-Jazzband" aus Halle. Es gab aber auch professionelle Musiker, die sich mit der Pflege des traditionellen Jazz befassen, z. B. die Dixielandgruppe der "DTS" unter Leitung von G. HÖRIG und seine Solisten Walter HARTMANN (saxes, cl), Günther KARPA (tp) und Friwi STERNBERG (ts). Ein anderes Beispiel sind die "Berliner Dixieland All Stars", eine Vereinigung aus Amateuren und einigen Berufsmusikern, Modern- und Free Jazzern, die vom Oldtime Jazz kamen: H.-G. SCHÄTZKE, W. WINKLER, K. KÖRNER, H.-J. GRASWURM gehör(t)en zu dieser Formation, die die DDR (1983 und 1984) erfolgreich beim "Internationlen Dixielandfestival" in Sacramento/Kalifornien (USA) vertraten.

Durch das engagierte Auftreten der Dixielandformationen in der Öffentlichkeit, an Hochschulen, Universitäten usw., wo sehr häufig die Konzerte mit Fachvorträgen verbunden waren und Werkstatt-Charakter trugen, leisteten die Dixielandbands einen wesentlichen Beitrag für das gesteigerte Ansehen des Jazz in der DDR. So fand 1964 ein großes Dixieland-Amateurfestival anläßlich des Deutschlandtreffens der Jugend und Studenten statt. Von 1965 bis 1970 wurden regelmäßig Großkonzerte in Dresden durchgeführt. Seit 1971 findet dort jährlich das "Internationale Dixielandfestival" statt, vom Rundfunksender "Stimme der DDR" ins Leben gerufen und organisiert. Weitere Höhepunkte waren das 25. (1969) und 50. (1972) Jubiläumskonzernt von "Jazz in der Kammer".

Diese Konzertreihe "Jazz in der Kammer", die in den "Kammerspielen" des "Deutschen Theaters" durchgeführt wird (bisher etwa 150 Konzerte), wurde 1965 von Martin LINZER und Joachim MAAS ins Leben gerufen und zu einem Podium des nationalen und internationalen Jazzgeschehens. Diese Konzertreihe stimulierte und inspirierte wie keine andere zuvor die gesamte Jazzentwicklung in der DDR, den künstlerischen Progreß auf diesem Gebiet. Sie war für den endgültigen Durchbruch des zeitgenössischen, experimentellen Jazz in der zweiten Hälfte der sechziger Jahre von besonderer Bedeutung. In diesem Zeitraum und Zusammenhang kam es zu den ersten Engagements bedeutender Jazzmusiker aus dem kapitalistischen Ausland, z. B. gastierten 1967 bzw. 1965 in der DDR mit großen Erfolg E. FITZGERALD (voc) und L. ARMSTRONG (ld, tp, voc) mit seinen "All Stars". Erste Begegnungen und persönliche Kontakte gab es aber bereits in den frühen fünfziger Jahren mit Kollegen des sozialistischen Auslandes: E.-L. PETROWSKY traf sich damals mit dem polnischen Jazzpianisten Krzysztof KOMEDA, der zentralen Figur des frühen modernen polnischen Jazz, in Graal-Müritz. Es darf angenommen werden, daß K. KOMEDA E.-L. PETROWSKY in seinen musikalischen Auffassungen und Haltungen stark beeinflußte. Neben den Jazzern aus Polen waren es die aus der CSSR, zu denen die Jazzmusiker aus der DDR ebenfalls enge Kontakte pflegten und pflegen.
1958 fand erstmals das "Polnische Jazzfestival", seit 1961 "Warschauer Jazzjamboree" und 1964 das "Internationale Jazzfestival Prag" statt, an dem als erste DDR-Jazzformation das "Manfred-Ludwig-Sextett" teilnahm. Ein Jahr später gastierte das "Joachim-Kühn-Trio" mit dem Bassisten K. KOCH in Warschau. Diesem Gastspiel schloß sich eine Tournee durch Polen an. Das "Jazzensemble Studio IV" war 1968 ebenfalls Gast in Warschau. Diesen ersten, vorwiegend in sozialistischen Ländern stattfindenden Auslandsgastspielen schlossen sich eine Vielzahl weiterer Gastspiele (auch im kapitalistischen Ausland) an. Die erste moderne Jazzformation der DDR, die im kapitalistischen Ausland spielte, war das "Jazzensemble Studio IV", das 1968 am "Jazzfestival in Montreux" teilnahm. Leider nicht so erfolgreich wie erhofft. Es folgten eine Reihe von Konzertreisen und Gastspielen des

"Friedhelm-Schönfeld-Trios" in Schweden und die des "Günther-Fischer-Quartetts" in Dänemark, Norwegen, Schweden, Finnland und Berlin (West).

Im internationalen Jazzgeschehen begann sich eine zunehmende Institutionalisierung des Jazz durchzusetzen, was später auch Auswirkungen auf die Jazzszene der DDR hatte. Es entstanden Jazzgemeinschaften, Dachorganisationen und Föderationen im internationalen Maßstab.
Seit 1967 ist die Behandlung des Jazz im Musikunterricht in der DDR obligatorisch und wurde Bestandteil des Musiklehrplanes der zehnklassigen polytechnischen Oberschule, eine Tatsache, die zu dieser Zeit besondere Bedeutung und Wertung verdient, ein damals aus "internationaler Sicht bisher einmaliger Fakt, dessen Bedeutung nicht hoch genug eingeschätzt werden kann."[26] Beispielhaft waren und sind in diesem Zusammenhang die Aktivitäten der "DTS" und der KGD Dresden, die Jazzeinführungskonzerte für die Schüler der 10. Klassen durchführten sowie Konzertanrechtsreihen und -abonnements initiierten und anboten.

Dieser Prozeß der Identitätssuche, in dem sich der DDR-Jazz in den sechziger Jahren befand, das Bemühen um Eigenständigket und Selbständigkeit, war äußerst kompliziert. Die beginnende ästhetische Emanzipation auf einer neuen Stufe des gesamtgesellschaftlichen Entwicklungsprozesses war offensichtlich auch die Bedingung für eine a l l m ä h l i c h e theoretische Emanzipation und die weitere wachsende Anerkennung des Jazz. Damit setzte ein Funktionswandel und eine Änderung des Funktionsverständnisses ein, welches mit der Formierung neuer musikalischer kommunikativer Situationen, dem Sammeln und Erkennen neuer Erfahrungen und Problemsichten verbunden war.

"JAZZ - MADE IN GDR": DIE SIEBZIGER JAHRE

Damit war Ende der sechziger Jahre eine weitere Etappe der jungen DDR-Jazzgeschichte abgeschlossen. Die Jazzszene der DDR begann sich allmählich im internationalen Jazzgeschehen zu integrieren. Wiederum war eine neue Qualität erreicht. Im Verlaufe der siebziger Jahre hatte sich der Jazz mit modernem Spielgestus durchgesetzt. Seit 1970 kam es im "RTO Berlin" (Rundfunktanzorchester) unter Leitung von Günter GOLLASCH (ld, cl) zu einer kontinuierlichen Jazzarbeit. Im Zusammenhang damit vollzog sich ein stilistischer Wandel, der in der Ausübung und Einbeziehung zeitgenössischer und moderner Spielpraktiken seinen Ausdruck fand. Musiker wie Jerczy MILIAN (arr, comp, vib), H. KATZENBEIER , E.-L. PETROWSKY u.a. hatten daran einen entscheidenden Anteil. Im gleichen Jahr kam es zur Gründung der "Modern Soul Band " durch Gerhard LAARTZ (ld, p, org, vib), der u.a. C. BAUER und Klaus NOWODWORSKI (voc) angehörten. Diese Band musizierte vitale Rock- und Soulmusik, vermischt mit Jazzelementen. In den folgenden Jahren entstanden weitere Formationen. Dem "E.-L.-Petrowsky-Trio, -Quartett und -Sextett" gehörten Heinz BECKER , C. BAUER , K. KOCH , G. SOMMER , W. WINKLER , Helmut "Jo" SACHSE (g) und U. GUMPERT an. In der jazzorientierten Gruppe " Exis ", 1971 durch C. BAUER gegründet, musizierten Andreas PIEPER (fl), Eberhard KLINKER (g), Christoph NIEMANN (b) und Andreas AIGMÜLLER (dr). Die Gruppe " SOK " entstand 1971 unter der Leitung von U. GUMPERT. Robert TORNEV (tp, v), Jochen GLEICHMANN (tp), Hermann ANDERS (tb, Dudelsack), Reiner PASCHY (ds), Helmut FORSTHOFF (fl, ts), Günter DOBROWOLSKI (g), Gerd LÜBKE (bg) und G. SOMMER waren die anderen Mitglieder dieser Band, die ein breites musikalisches Spektrum aufzuweisen hatte und sich durch Experimentierfreudigkeit auszeichnete. Diese Gruppe spielte zu dem Theaterstück "Die neuen Leiden des jungen W." von Ulrich PLENZDORF , Musik U. GUMPERT , im "Deutschen Theater" die Bühnenmusik ein. Das " H.-Katzenbeier-Quintett " (1971) verband Elemente des Swing und des Bebop mit modernen Spielweisen und vorgegebenen Kompositionsstrukturen. Damit versuchte diese Formation einen "Mittelweg" zwischen Tradition und zeitgenössischem Jazz zu beschreiben. Diesem Quintett gehörten neben H. KATZENBEIER außerdem K. KÖRNER , Manfred SCHRAMM (p), H.-G. SCHÄTZKE und W. WINKLER an. Aus der Gruppe " SOK " kristallisierte sich 1973 ein Quartett, " Synopsis ", mit den Musikern U. GUMPERT , G. DOBROWOLSKI , G. LÜBKE und G. SOMMER heraus.

Nach dem Ausscheiden von G. DOBROWOLSKI und G. LÜBKE stießen C. BAUER und E.-L. PETROWSKY zu dieser Formation, die Jazz mit avantgardistischen Tendenzen verband. Im gleichen Jahr entstand unter der Leitung von K. LENZ die " Modern Soul Big Band ". Die Gruppe "FEZ" etablierte sich 1974 unter Leitung von C. BAUER , in der außerdem H. ZERBE , Ch. NIEMANN und Peter GRÖHNING (dr) vereint waren. Im Gegensatz zur Gruppe " Synopsis" wurde in dieser Formation sehr von Konzeptionen ausgegangen und nur bedingt "frei" gespielt. Nach dem Zerfall von " FEZ" gründete C. BAUER , der seit 1976 beispielgebende Solokonzerte von hoher Qualität bestreitet, ein **eigenes Quartett.**

Ein ebenso vielseitiger Musiker, aktiver Jazzer und Bandleader ist U. GUMPERT , der seit 1972 Workshop-Bands mit vielen namhaften Jazzmusikern der DDR zusammenstellte, die beständig wegweisende Resultate einspielten. Darüber hinaus musiziert U. GUMPERT seit 1973 im Duo mit G. SOMMER u.a. Besetzungen. Dieses Duo wurde durch die Mitwirkung von Manfred HERING (as) zum Trio erweitert.

Die ständige Auflösung und Erneuerung von Jazzformationen dieser Art, die Zusammenstellung von Worshop Bands usw. sind nicht etwa Ausdruck von Uneinigkeit und Zwiespältigkeit unter den Musikern (damit ist nicht gemeint, daß es unter ihnen nicht auch zu unterschiedlichen Auffassungen und Meinungsverschiedenheiten kommen kann) oder gar musikalischen Unvermögens, sondern ist vielmehr als Ausdruck der ständigen Bewegung in der zeitgenössischen Jazzszene zu werten, der permanenten Erneuerung und Veränderung, des Bemühens, Stagnation und Routine zu verhindern, der Gewohnheit und Klischeehaftigkeit prophylaktisch entgegenzuwirken, einer Gefahr, die bei "Erfolgsorchestern" dieses Genres besonders gegeben ist.

Der Schlagzeuger G. SOMMER machte mit dem Experiment seiner "Hörmusik" auf sich aufmerksam, bei der er hinter einem Vorhang spielte, um die Hörer ausschließlich auf den Klang zu konzentrieren und um eine "visuelle Ablenkung" zu vermeiden:

> "Da wurde ein Universum von Klängen buchstäblich hervorgezaubert, das man ... eher einem Orchester zugetraut hätte ... Er steigerte die akustische Imagination, die Vorstellung der verschiedensten Klangmaterialien, Tonerzeugungen und Bedeutungen und verleitete gerade damit zur Konzentration. Als der Vorhang

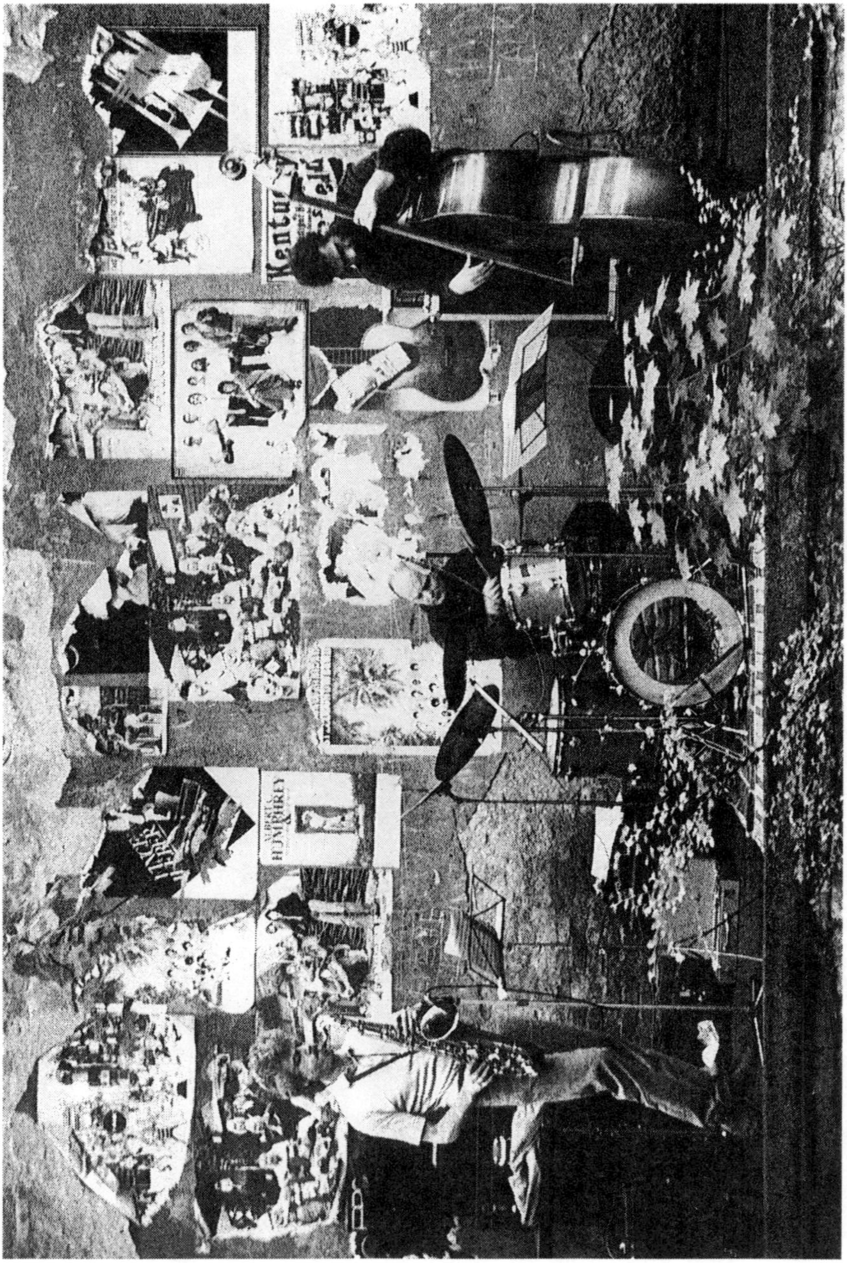

Negermusik? Du ws n ch Ton?
Igit!
(Ernst Busch)

Forsthoff-Trio,
mit Helmut Forsthoff (sax), Peter Lucht (dr) und Gerhard Kubach (b)
(im Garten des Treprower Kulturhauses in Ost-Berlin)

zurückgezogen wurde, freute man sich schließlich, den Herstellungsprozeß nun auch optisch verfolgen zu können, war aber durch die bewußte Beschränkung um eine musikalische Erfahrung bereichert".[1]

Eine Langspielplatte mit dieser "Hörmusik" die in der Westberliner Akademie der Künste aufgenommen wurde, erschien im Jahre 1979 auf "FMP".

Die hier erwähnten (aber auch nicht genannten) Jazzformationen und Ad-hoc-Ensembles prägten in den siebziger Jahren durch die Interpretation primär e i g e n e r Konzeptionen, die ein Ausdruck des Suchens, des Strebens nach musikalischer Identität und Originalität waren, entscheidend die weitere Entwicklung des Jazz in der DDR. Mit diesen Initiativen und Aktivitäten wurde der Beitrag, den jene Jazzgruppen und -musiker für die permanente Verbreitung und Profilierung des zeitgenössischen Jazz leisteten und damit auch ihr inspirierender Einfluß auf junge Nachwuchsmusiker evident.

Der Jazz in der DDR begann, "... als spezifische Nuancierung, 'Dialekt' innerhalb der Gesamtentwicklung"[2], eine ernstzunehmende Rolle in der europäischen Jazzentwicklung zu spielen:

> "'JAZZ - Made in GDR' - Seit Beginn der siebziger Jahre nun schon sorgen DDR-Jazzmusiker für eine ständige Aktualisierung dieses Markenzeichens, welches insbesondere der europäischen Jazzwelt seit mindestens dieser Zeit als ein Eckpfeiler ihrer Aktivität und Eigenständigkeit dient"[3].

Ohne die Traditionsbeziehungen zum amerikanischen Vorbild jedoch wäre auch in der DDR eine eigenständige Jazzentwicklung nicht möglich gewesen. Allerdings ist es auf die Dauer künstlerisch wenig produktiv, sich ständig selektiv n u r progressive Traditionen anzueignen. Zu diesem Zeitpunkt ging es nunmehr um die Konzentration auf das, was in der eigenen Jazzszene neu war und als e i g e n e s künstlerisches Produkt auch w i r k t e. Diese forcierte Entwicklung unter dem Signum "DDR-Jazz" war deshalb möglich, da sich der Jazz in der DDR zu dieser Zeit von vornherein eigenständig gesetzt und nicht versucht hat, die dreißig fehlenden Jahre (1930 - 1960) einer natürlichen und kontinuierlichen Jazzentwicklung epigonal nachzuspielen und nur das zu kopieren, was zur gleichen Zeit in den USA gerade aktuell war. Dazu E.L. PETROWSKY :

"In der Jazzgeschichte war der höchste Anspruch oftmals, so zu klingen wie der oder jener amerikanische Musiker. Heute besteht für viele, auch für mich, der höchste Anspruch darin, sich selbst auszudrücken und auch entsprechend zu klingen. Dabei kommt es darauf an, wieviel Investitionsvermögen, Energie und natürlich auch Musikalität, Sensibilität und handwerkliche Fähigkeiten man besitzt und entwickelt. Hinzu kommt, mit welchen Musikern man sich umgibt bzw. umgeben kann. Unser Ziel besteht, wie gesagt, darin, eine eigene Spielweise zu entwickeln".[4]

Durch die Erschließung eines Musizierraumes, der nicht mehr nur als "konkretes Modell in der Art eines 'Stils' fungierte"[5], boten sich jetzt mehr Möglichkeiten zum Experiment, wurden wie in keiner vorhergehenden Phase der Jazzentwicklung größere Freiräume zur Umsetzung eigener künstlerischer Konzeptionen und musikalischer Ideen geschaffen.

Ein Merkmal hierfür ist u.a. die Einbeziehung folkloristischer Elemente. So beschäftigte sich beispielsweise Ulrich GUMPERT (p) ganz bewußt mit der Folklore und verarbeitete einige alte Volkslieder in seiner Jazz-Suite: "Aus teutschen Landen". Unter diesem Motto stand auch das 100. Jubiläumskonzert der Veranstaltungsreihe "Jazz in der Kammer". Aus diesem Anlaß produzierte AMIGA eine Schallplatte mit dem Titel "Retrospektive 100 x Jazz in der Kammer - Aus teutschen Landen".

Die Verwendung von Strukturen aus der zeitgenössischen artifiziellen Musik war für die Jazzentwicklung im europäischen Raum zu Beginn der siebziger Jahre von besonderer Relevanz. Zum ersten Mal in der Jazzgeschichte war es Jazzmusikern möglich, "'ihre' Jazzmusik auf dem Boden einer Musiktradition anzusiedeln, der sie selbst angehör(t)en"[6] Das Typische für den DDR-Jazz bestand im Zusammenhang mit diesem internationalen Trend darin, daß sich eine Reihe von DDR-Jazzmusikern konstruktiv-schöpferisch mit der progressiven nationalen Musiktradition in dem spezifischen gesellschaftlichen Umfeld auseinandersetzten. Diese Bemühungen um neue Klangspektren "unter dem Aspekt der gleichwertigen Begegnung zwischen Neuem Jazz und Neuer Musik"[7] führten nicht nur zu einem Bezug auf solche Komponisten wie Hanns EISLER , Arnold SCHÖNBERG und Kurt WEILL , sondern auch zur Zusammenarbeit mit zeitgenössischen Komponisten und Musikern aus dem Bereich der artifiziellen Musik. U. GUMPERT , der darüber hinaus auch der Musik Erik SATIES sehr nahe steht, ist einer der Vertreter dieser

Bemühungen. Er erzielte mit dem Auftreten seiner Workshop-Bands Ende der siebziger Jahre, u.a. auch in Berlin (West) und Moers (BRD), spektakuläre Erfolge. Er verhalf damit dem "DDR-Jazz" - ein Begriff, der erstmals im Zusammenhang mit diesen Auftritten geprägt wurde -, zum internationalen Durchbruch. Außer U. GUMPERT wären an dieser Stelle u.a. noch zu nennen:
Hermann KELLER , ein klassisch ausgebildeter Pianist und auch Komponist, der sich mit jazzverwandten Bereichen beschäftigt, bevorzugt in den verschiedensten Besetzungen (u.a. Duo mit Manfred SCHULZE , "Berliner Improvisationstrio und -quartett") den "Dialog" zwischen zeitgenössischer artifizieller Musik und zeitgenössischem Jazz sucht und sich vor allem um die direkte Kommunikation zwischen Musiker und Publikum bemüht. Dabei nutzt er die Improvisationsfähigkeiten der Jazzmusiker, um seine musikalischen Absichten zu verwirklichen.

Als Hauptstrom bildete sich während der siebziger Jahre in der DDR eine Musizierpraxis heraus, die den Jazzbegriff sogar z.T. negierte und ihn durch den der "improvisierten Musik" ersetzte: "In der DDR hat sich vor allem im Verlaufe der siebziger Jahre Free Jazz im beschriebenen Sinne als improvisierte Musik, als vorherrschende Spiel- (nicht: Stil-) Richtung herausgebildet, in quantitativer wie in qualitativer Hinsicht. Der belgische Pianist Fred van HOVE nannte damals die DDR das 'gelobte Land der improvisierten Musik'".[8]

Welche Gründe gab es für diesen Aufschwung? Zum einen war es die Tatsache, daß sich während der siebziger Jahre - einhergehend mit der wenn auch sehr bescheidenen, aber nicht zu übersehenden außenpolitischen "Öffnung" der DDR - im Inneren des Landes ein gewisser "Sinneswandel" auch in den kulturpolitischen Konzeptionen von Staats- und Parteiführung abzeichnete. Der ehemalige Chefideologe der SED, Kurt Hager formulierte das auf der 6. Tagung des ZK der SED 1972 wie folgt:

> "Unsere Kulturpolitik zielt auf die Förderung einer lebendigen und vielseitigen Kunst. Nicht einen Klang, nicht eine Farbe, nicht einen Lebensbereich wollen wir dabei außer acht lassen. Die sozialistisch-realistische Kunst ist dazu berufen, alles künstlerisch zu erschließen, was sozialistische Persönlichkeiten zu ihrer Entfaltung brauchen".[9]

Obwohl die "Blauäugigkeit" von Zitaten dieses Inhalts und "Jargons" nicht darüber hinwegtäuschen konnte, daß es nach wie vor noch Probleme und Tabus gab, wurde eine "längst in der kulturpolitischen Alltagspraxis durchgesetzte, in vielfältigen Veranstaltungsformen präsente Musikrichtung expressis verbis auch kulturpolitisch sanktioniert"[10], erkannte man auch den Jazz allmählich an und förderte ihn in Maßen.

Zum anderen: Wurde der Jazz in der Vermittlertätigkeit durch die KGD und Künstleragenturen der DDR anfangs noch negiert, war das Ende der siebziger Jahre kaum mehr der Fall. In Berlin und in der gesamten DDR kam es zu bemerkenswerten Ativitäten und Initiativen auf diesem Gebiet. Diese veränderte "Entsendungspolitik" der Künstleragentur, die bisher Anfragen und Angebote aus dem westlichen Ausland meist in ihren Papierkörben verschwinden ließ, und nur "privilegierte" Künstler (z.B. G. FISCHER oder F. SCHÖNFELD als "Angestellter" des Theaters im Palast) sporadisch reisen ließ, ermöglichte es nunmehr auch anderen Jazzmusikern aus der DDR die internationale Szene zu betreten und den Jazz aus der DDR als ein gefragtes "Markenzeichen" einzubringen.

Zu dieser Zeit bildeten sich im Inneren des Landes eine Reihe bedeutender Jazzpodien heraus. Die bereits erwähnte Reihe "Jazz in der Kammer" profilierte sich "durch die seit Anbeginn veränderte Konzeption zum wichtigsten Artikulationszentrum unserer nationalen Schule (Rundfunkrepräsentanz) und des fortschrittlichen Gegenwartsschaffens des Auslandes".[11]

"Jazz im TiP" ist eine von F. SCHÖNFELD ins Leben gerufene Konzertreihe, die eine Ergänzung zur Reihe "Jazz in der Kammer" darstellte. Sie bot mehrtätige Jazzveranstaltungen, die in einem jährlich einmaligen internationalen Workshop gipfelten. Zu nennen wären an dieser Stelle auch die repräsentativen Jazzveranstaltungen im "Palast der Republik" mit nationaler und internationaler Beteiligung. Die "Jazzbühne Berlin" ist eine mehrtätige repräsentative Veranstaltung mit Festivalcharakter, an der Jazzmusiker der DDR und des Auslandes teilnehmen. Sie existiert seit 1977 und wird vom Rundfunk der DDR organisiert. Die "Jazzbühne Berlin" widmet sich dem zeitgenössischen Jazz. Ihr musikalisches Spektrum reicht von moderner Tradition, Vertreter dieser Richtung wie Steve LACY (auch Free Jazz), Sten GETZ , Jeremy STEIG , Eddi GOMEZ , Mal WALDRON aus den USA und Wjatscheslaw GANELIN (UdSSR) waren in den siebziger Jahren Gäste der Jazzbühne, bis zum zeitgenössischen Jazz im weitesten Sinne. Hier waren es (siebziger Jahre) S. LACY, USA, A. MANGELSDORFF, BRD, Leonid TSCHISCHIKI, UdSSR,

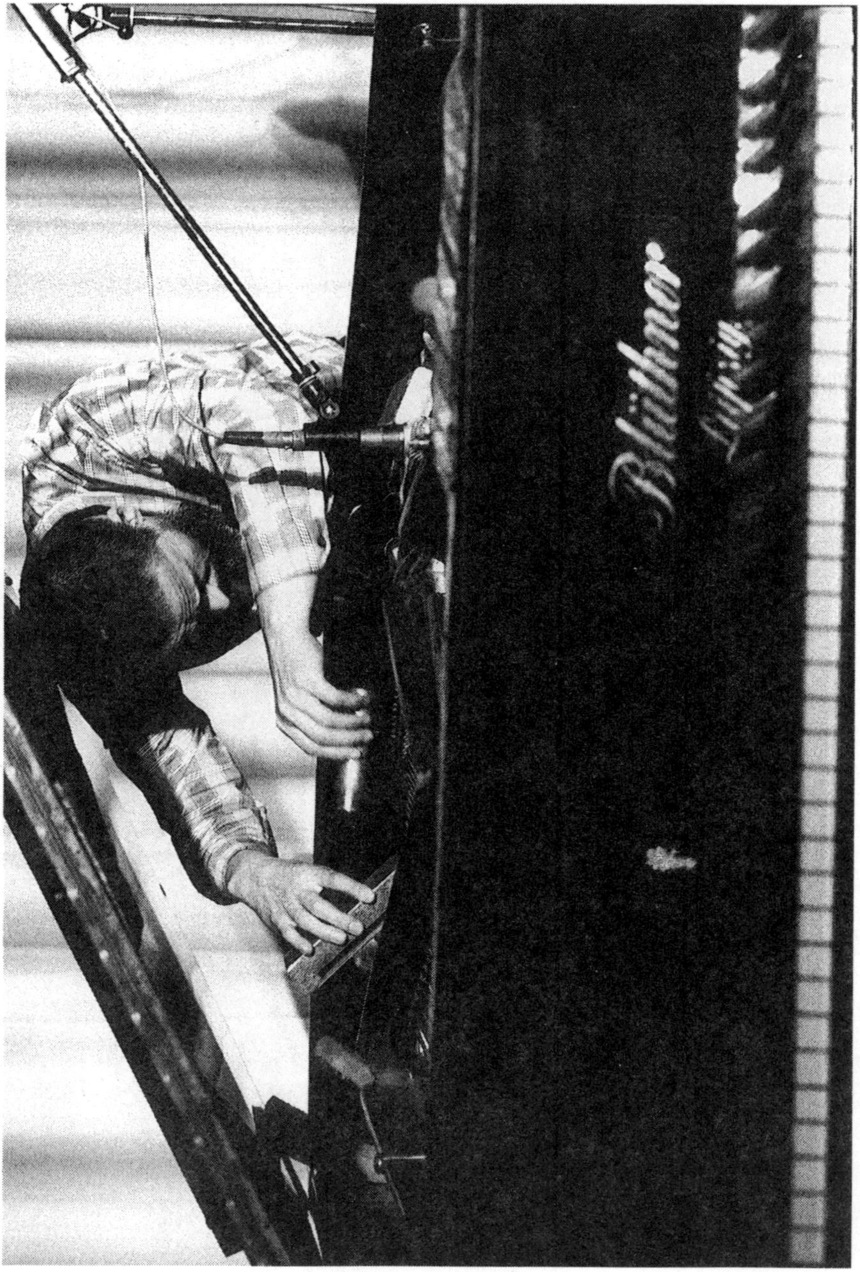
Blüthner

Hermann Keller (p)

Hans KOLLER , Österreich, Klaus DOLDINGER , BRD, Volker KRIEGEL , BRD. Damit zeigt die "Jazzbühne" wie kaum ein anderes Jazzpodium in der DDR sowohl Standards als auch Tendenzen auf. Während der "Berliner Festtage der Musik und des Theaters" im Oktober eines jeden Jahres finden ebenfalls Jazzveranstaltungen statt. Weitere Jazzveranstaltungen repräsentativen Charakters unterschiedlichster Art wie Konzerte, Workshops, Sessions, Diskurse, Vorträge, Jazzdiskotheken usw. werden in Berlin vom "Haus der Jungen Talente", von den Kreiskulturhäusern, in den Jugendklubs fast aller Stadtbezirke geboten und durchgeführt.

Ebenso bedeutungsvoll für die Entwicklung des DDR-Jazz sind die außerhalb Berlins stattfindenden Veranstaltungen der siebziger Jahre, die z.T. heute noch existieren:

1973 wurden von der Arbeitsgemeinschaft Jazz beim Zentralen Klubrat Peitz und auf Initiative von Ulli BLOBEL und Peter METAG die "Peitzer Workshops" und "Openair-Festivals" ins Leben gerufen. Sie entwickelten sich zu einem Podium für anspruchsvollen zeitgenössischen Jazz mit nationaler und internationaler Beteiligung. Mit der Zusammenführung der gastierenden Jazzmusiker in Workshopbesetzungen wurde ein bedeutender Beitrag zur Weiterentwicklung dieser vielgestaltigen Musizierweise geleistet. Als im Juni 1973 die erste Jazzwerkstatt auf der Bühne des Peitzer Filmtheaters stattfand, waren solche profilierten Formationen wie die von U. GUMPERT und M. SCHULZE beteiligt. Obwohl in den Jahren danach die Anzahl der ausländischen Musiker zunahm, blieb das Engagement vor allem um die eigene Jazzszene und ihre Musiker stets erhalten. Zu den ersten Gästen gehörten die polnischen Jazzmusiker Adam MAKOWICZ , Zbigniew NAMYSLAWSKI, Zbigniew SEIFERT und Tomasz STANKO . Im Laufe der Zeit kamen weitere international bekannte Musiker und Formationen hinzu: Peter BRÖTZMANN , Rudolf DASEK , Jasper van't HOF , Fred van HOVE , Sven Ake JOHANSSON , Paul LOVENS , A. MANGELSDORFF , Evan PARKER , Paul RUTHERFORD , Alexander von SCHLIPPENBACH und aus der DDR die Musiker E.-L. PETROWSKY , H. SACHSE , die Gruppe "Fusion" , das "Andreas-Altenfelder-Quintett" , die "U.-Gumpert-Workshop-Band" und weitere Werkstattbesetzungen wie die von S.A. JOHANNSON , Hans REICHEL und F. van HOVE , A. von SCHLIPPENBACH und P. LOVENS . Einen Höhepunkt stellte die 25. Werkstatt im Sommer 1979 dar: 1.500 Besucher wurden gezählt, und das "Globe Unity Orchestra" (A. v. SCHLIPPENBACH , ld) war zu Gast, das europäische Spitzenmusiker des zeitgenössischen Jazz vereinigt.[12] Leider wurden diese interessanten und ästhetisch so produktiven Veranstaltungen in Peitz verboten. U. BLOBEL, der Initiator der Peitzer Open-Air-Konzerte, dachte und handelte wohl für diese Zeit etwas zu selbständig und legte offenbar "ungewöhnliches kapitalistisches" Geschäftsgebaren an den Tag, das einigen Partei- und Kulturfunktionären nicht in den "Kram paßte"!?

Neben den vom Rundfunk der DDR organisierten Festivals in Dresden und Berlin (Dixieland-Festival und Jazzbühne) wurden noch andere mehrtägige Großveranstaltungen mit Festivalcharakter ausgetragen: "Ostsee-Jazz Rostock", "Jazzfest Weimar" (nicht identisch mit dem im Dezember 1985 erstmalig stattgefundenen "Jazztagen der DDR"), "Dresdner Jazz-Herbst", die Jazztage in Eisenach, Frankfurt an der Oder, Freiberg, Jena, Leipzig, Saalfeld, Senftenberg. Besondere Erwähnung in diesem Zusammenhang und an dieser Stelle die "Leipziger Jazztage". Sie wurden erstmals im Juni 1976 veranstaltet und "haben nicht nur ihre Lebendigkeit, musikalische Ausstrahlung und Anziehungskraft bewahrt, sondern sich zu einem Festival von internationalem Rang entwickelt".[13] Anfangs fast ausschließlich von DDR-Jazzmusikern bestritten, gesellten sich auch in Leipzig bald ausländische Gäste hinzu. Von 1976 bis 1979 waren es Aladar PEGE und Csaba DESZÖ aus Ungarn, Czeslaw GLADOWSKI, Krzysztof ZGRAJA und Jacek BEDNAREK aus Polen, S.A. JOHANNSON aus Schweden, Jacek OSTASZEWSKI, Tomasz HOLUJ und Zygmunt KACZMAREK aus Polen, Milo KURTIS aus Griechenland, A.V. SCHLIPPENBACH, BRD, John TCHICAI mit seinen Musikern aus Dänemark, Urs VOERKEL aus der Schweiz, Martin KRATOCHVIL mit seinen Musikern aus der CSSR, Wesselin NOKOLOV mit seinem Quintett aus Bulgarien, Boy RAAYMAKERS aus den Niederlanden, P. KOWALD, BRD, das Duo Doug HAMMOND aus den USA, Irene SCHWEIZER aus der Schweiz, Dieter GLAWISCHNIG mit seinen Musikern aus Österreich, Rüdiger KARL aus der Schweiz u.a.

Ein g e m e i n s a m e s Verdienst erwarben sich in den siebziger Jahren auch die Medien - anteilmäßig wäre der Rundfunk der DDR primär zu nennen - sowie die KGD (Konzert- und Gastspieldirektion) und Künstleragenturen der DDR, indem sie in enger Zusammenarbeit repräsentative Gastspiele und Tourneen ausländischer Jazzmusiker und -ensembles sowohl aus dem sozialistischen als auch kapitalistischen Ausland in der DDR organisierten. Nach den erfolgreichen Gastspielen von

E. FITZGERALD und L. ARMSTRONG, den Solisten des "American Folk Blues Festivals" und dem "Leo-Wright-Quintett" in den sechziger und siebziger Jahren waren prominente Jazzbands und -solisten aus folgenden Ländern zu Gast: UdSSR, CSSR, Polen, Ungarn, Bulgarien, Rumänien, Jugoslawien, USA, Japan, Indien, Afrika, Brasilien, Argentinien, Jamaika, Finnland, Norwegen, Schweden, Dänemark, Italien, Schweiz, Österreich, Frankreich, Belgien, Schottland, Großbritannien, Holland, BRD, Berlin (West). Diese Gastspiele führten zu Begegnungen und Kontakten internationalen Charakters. Es waren musikalisch äußerst produktive Begegnungen; u.a. wurden "gekoppelte" Gruppierungen möglich, die die Emanzipation und Profilierung des DDR-Jazz in Einheit mit der Förderung individueller und künstlerischer Qualität von DDR-Jazzern zum Ergebnis hatten. Besonderes Interesse und Engagement zeigte beispielsweise die Westberliner "Free Music Production (FMP)", die Schallplatten mit DDR-Jazzmusikern eigener Produktion - Produktionen des Rundfunks der DDR und in Koproduktion mit AMIGA - herausbrachte sowie mehrtägige Jazzfestivals (1979 - 1981) unter dem Motto "Jazz aus der DDR" in Berlin (West) veranstaltete. Diese Kontakte und Begegnungen führten zu einer wachsenden Anerkennung des DDR-Jazz und seiner profiliertesten und leistungsstärksten Solisten und Ensembles in der internationalen Jazzszene, die sich vor Vergleichen in diesem Umfeld nicht mehr zu scheuen brauchten. Folgende Solisten und Jazzformationen aus der DDR traten u.a. international während der siebziger Jahre in Erscheinung:

1970 und 1972 waren H. KATZENBEIER , K. KOCH und E.-L. PETROWSKY Mitglieder des "Interjazzorchesters (IJO)" in Prag, 1970 nahm das "Jazzensemble Studio IV" am "Alba Regia Jazzfestival" in Székesfehérvàr (Ungarn) und im gleichen Jahr das "RTO Berlin"am Jazzjamboree in Warschau teil. An den Jazzfestivals in Prag, in Warschau, an den "Jazztagen in Nagykanisza" (Ungarn), in Jugoslawien, Ljubljana usw. beteiligten sich in Permanenz die namhaftesten Jazzmusiker und -ensembles aus der DDR. E.-L. PETROWSKY war 1972 Mitglied des "Komeda-Memorial-Konzert-Ensembles" in Warschau.

Neben diesen Auftritten im sozialistischen Ausland waren die Tourneen, die G. FISCHER mit seiner Band durch Algerien und Tunesien machte, die Gastspiele des "Petrowsky-Trios" in Indien und Italien (1979), die Auftritte der "U.-GUMPERT-Workshop-Band" mit H. BECKER , C. BAUER, J. BAUER , E.-L. PETROWSKY , M. HERING , H. FORSTHOFF , K.KOCH und G. SOMMER in Berlin (West), 1979, und Moers (BRD) spektakuläre und international völlig neue Akzente setzende Ereignisse. Sie verhalfen damit dem DDR-Jazz - der Begriff wurde im Zusammenhang mit diesen Auftritten erstmals geprägt - zum Durchbruch und zur internationalen Anerkennung in der "Arena des Neuen Jazz".[14] Im gleichen Jahr kam es in Wuppertal im Rahmen eines dort abgehaltenen Jazz-Workshops zur Gründung eines international zusammengesetzten Trios, dem "Chikago-Wuppertal-Dresden-Trio" das sich aus Leo SMITH (tp, flh, USA), P. KOWALD (b, BRD) und G. SOMMER (dr, DDR) zusammensetzte, ein Ensemble kreativer Kollektivmusik. Ebenfalls im Jahre 1979 wurde C. BAUER , an der Spitze der europäischen Jazzposaunisten stehend, in dieser Eigenschaft als Dozent anläßlich des Stockholmer Improvisations-Symposiums, "Ad Lib '79", verpflichtet.

Anfang der siebziger Jahre bemühten sich in verstärktem Maße auch K o m p o n i s t e n[15] aus der DDR wie Paul Heinz DITTRICH , Georg KATZER und Friedrich SCHENKER , "den Rahmen traditioneller Orchester- bzw. Kammermusikensembles durch Jazzmusiker zu erweitern".[16] F. SCHENKER bezeichnete es als einen Versuch, "mit Wasser und Feuer zu komponieren, nämlich zwei musikalische Welten, die sich heute scheinbar voneinander entfernt haben, als gleichberechtigte Vorlagen für die musikalische Kunst zu verwenden".[17], P.H. DITTRICH nannte sein Stück "Begegnung" (1975), ein Auftragswerk des "DEFA-Sinfonieorchesters", das im Mai 1976 unter Manfred ROSENBERG uraufgeführt wurde, und F. SCHENKER "Electrization für Beat- und Jazz-Gruppe und Orchester" (1972/73). In jüngster Zeit gibt es erneut interessante Versuche des Berliners H. REMPEL , Kompositionen für Improvisatoren zu schreiben, indem er das Element der Improvisation ins kompositorische Kalkül zieht.

Diese Tatsachen beweisen wiederholt den sowohl internationalen und prozeßhaften Charakter der Jazzentwicklung, die sich im gegenseitigen "Geben und Nehmen", Beeinflussen und Lernen manifestiert, als auch die Tatsache, daß der Jazz mit seinem spezifischen Wesen verdienstvolle Beiträge im Interesse und Sinne der Völkerverständigung geleistet hat und leistet. Sie stehen im Zusammenhang mit dem allgemein wachsenden Ansehen des Jazz als eine spezifische Kunstgattung unseres Jahrhunderts und sind Ausdruck der gewachsenen Wertschätzung dieser Musik.

Quo Vadis - "Jazz Made in GDR"?: Die Achtziger Jahre

Das letzte Jahrzehnt der DDR-Jazzentwicklung stellt die logische und konsequente Fortsetzung d e r Linie dar, die Mitte der siebziger vergleichsweise zu den fünfziger und sechziger Jahren auf einem qualitativ h ö h e r e n Niveau begonnen hatte. Für die Prägung dieses Jahrzehnts sind eine Reihe von Kriterien kennzeichnend, die sich von den vorherigen drei Jahrzehnten gravierend unterscheiden.

Eines der wesentlichsten Merkmale ist der weitere Ausbau des Veranstaltungsnetzes und die damit verbundene Verbesserung der Auftrittsmöglichkeiten der Jazzmusiker sowie das weitaus größere und viel breitere Angebot von Jazzveranstaltungen verschiedenster Art. Noch n i e z u v o r gab es in der DDR eine so "lebendige, aktive, engagierte und leistungsstarke Jazzszene"[1]. Zu ihr gehören "die Jazzmusiker der DDR von Andy ALTENFELDER bis Hannes ZERBE sowie das komplizierte Geflecht von Veranstaltungsstätten, Programmkonzeptionen, ständigen und nichtständigen Festivals, Jazztagen und anderen Veranstaltungen von 'Jazzbühne Berlin' und 'Jazz in der Kammer' in der Hauptstadt, über die 'Leipziger Jazztage', die vielen von den Jazzklubs und Interessengemeinschaften des Kulturbundes getragenen Aktivitäten bis zum Dresdner Dixielandfestival als jährlicher Höhepunkt für die Tausenden von Fans des Old Time Jazz. Was wir heute Jazzszene der DDR nennen, ist in einem Prozeß historisch gewachsen - nicht ohne Widersprüche".[2]

Zahlreiche Jazzgemeinschaften in Form von Arbeits-, Interessengemeinschaften und Jazzklubs - gegenwärtig existieren in der DDR etwa 50 davon -, die vor allem in Betrieben, Hochschulen, Jugendklubs, dem Kulturbund sowie anderen Einrichtungen und Institutionen ihre Trägerschaft fanden, entfalteten und entfalten vielfältige Aktivitäten. Das ist die Basis der Jazzszene in der DDR, die innerhalb des staatlich gelenkten Kulturbetriebes nach wie vor ein relatives Eigenleben führt. Rührige Mitarbeiter bereichern in haupt- und nebenamtlicher Arbeit durch die Organisation von Vorträgen, Konzerten, Gesprächsrunden, Fachvorträgen, Jazzdiskotheken, Klubabenden, Fotoausstellungen, von Jazzveranstaltungen in Verbindung mit anderen Kunstgattungen, Festivals kleineren Formats und auch Vorführung von Jazzfilmen[3] die Jazzszene der DDR. Diese Veranstaltungen waren für die Kontinuität der DDR-

Jazzentwicklung und für das inzwischen respektable Gesamtbild des DDR-Jazz von ebensolcher Bedeutung wie beispielsweise das "Internationale Dixielandfestival" in Dresden, die "Jazzbühne Berlin" oder die "Leipziger Jazztage". Kurzum: Jazz fand in der DDR überall dort statt, wo er durch individuelle Aktivitäten, unter teilweiser Zuhilfenahme staatlicher und gesellschaftlicher Kräfte, durchgesetzt wurde. Sonst hätte er nicht stattgefunden.[4]

Territorial konzentriert sich die Szene auf Berlin. Dort sind die meisten Musiker zu Hause, hier bringt die großstädtische, soziokulturelle Struktur auch die entsprechenden Bedürfnisse hervor, gibt es eine vielgestaltige, von den Interessen der jeweiligen Initiatoren bestimmte Klubszene. Allein in Berlin wurden vom August 1982 bis Mai 1990 insgesamt etwa 1.500 (!) Veranstaltungen (inklusive der Veranstaltungsreihen "Jazz in der Kammer" und "Jazzbühne Berlin") durchgeführt. Das entspricht einem Monatsdurchschnitt von etwa 16 und einem Jahresdurchschnitt von etwa 190 Veranstaltungen![5] Es ist einleuchtend, daß es natürlich in einem Buch wie dem hier vorliegenden nicht möglich ist, die Aktivitäten und Initiativen in ihrer Gesamtheit zu erfassen. Deshalb wird nur an einigen ausgewählten Besipielen der Versuch unternommen, diese Aussagen zu belegen und zu illustrieren.

Im April 1982 wurde der "Jazzklub Berlin" gegründet, der - leider ohne festen Standort - nicht d i e Rolle spielt wie die Klubs außerhalb Berlins. Ein wesentlicher Grund dafür ist u.a. die Tatsache, daß es bisher keine geeignete Örtlichkeit gibt, die die Funktion eines ständigen Veranstaltungsprodiums, eines Probenlokals und eines auch gastronomisch bewirtschafteten Treffpunkts für die Musiker in sich vereint.[6] Trotzdem bemühen sich auch im "Jazzklub Berlin" rührige Mitarbeiter und initiieren Klubabende, Fachvorträge, Gesprächsrunden, Vorstellen von Jazzmusikern und -gruppen, Jazz zum Mitmachen. Diese und viele andere Veranstaltungen tragen dazu bei, daß sich Mitglieder und Nichtmitglieder über das gemeinsame Interesse am Jazz näher kommen. Zu Vorträgen und Gesprächsrunden waren im "Jazzklub Berlin" u.a. die Jazzpublizisten und -journalisten Karlheinz DRECHSEL, Ulf DRECHSEL, jr., Dr. Bert NOGLIK, Martin LINZER, Rolf REICHELT, Werner SELLHORN und darüber hinaus eine Vielzahl prominenter Jazzmusiker der Szene zu Gast. Eine Vortragsreihe besonderer Art führt der "Jazzklub Berlin" seit Ende des Jahres 1984 in Kooperation mit dem "Jugendklubhaus Langhansstraße" in Berlin-Weißenseee durch, die "Jazznacht". Mit dieser Veranstaltungsreihe, im ersten, konzertanten Teil kommen

Jazzformationen und -solisten musikalisch "zu Wort", im zweiten Teil spielt eine Jazzband oder -diskothek zum Tanz, versucht der "Jazzklub Berlin" Rezeptionsbedürfnisse und die Bedürfnisse nach Kommunikation und Unterhaltung im weitesten Sinne miteinander zu vereinen. Das gelang in den bisher durchgeführten "Jazznächten" mit unterschiedlichem Erfolg. Unabhängig davon besteht von Seiten des Publikums ein immenser Bedarf nach dieser Art von Veranstaltungen. Um so bedauerlicher, daß es diese Veranstaltungsreihe (wegen Kompetenzstreitigkeiten) seit einiger Zeit nicht mehr gibt. Als jüngste Initiativen des "Jazzklubs Berlin" wären die "Conrad-Bauer-Workshops" (Mai/Juni 1990) und eine Jazzwerkstatt mit internationalen Gästen (Ende Mai 1990) in Form eines Amateurfestivals, welches sich den moderneren Spiel- und Stilrichtungen widmet, zu nennen.

Einen ebenso wesentlichen Anteil an der Jazzpräsentation in Berlin haben der "Palast der Republik", das "Haus der Jungen Talente" (HdJT), das "Sport- und Erholungszentrum" (SEZ), das "Theater der Freundschaft" sowie viele Jugendklubs. Das HdJT führt regelmäßig nun schon seit Jahren Jazzveranstaltungen durch, die die nationale Szene präsentieren und durch Gastspiele international gemischter Gruppen Begegnungen zwischen Musikern unterschiedlichster Herkunft und Erfahrung - und dem Publikum - ermöglichen. Deshalb verdient es auch, besonders hervorgehoben zu werden. Neben zahlreichen Sonderkonzerten gibt es am Montag jeder Woche Jazzveranstaltungen unter dem Motto "Jazz bei uns", "Jazz und Poesie" mit nationaler und internationaler Beteiligung. Außerdem finden in den Räumen des HdJT während der "Jazzbühne" nach den offiziellen Konzerten mit den aktiven Musikern Nacht-Sessions statt, die sich großer Beliebtheit erfreuen. Berühmtester ausländischer Gast im HdJT war bisher wohl Carla BLEY (USA/Schweiz), die mit ihrer Band im Sommer 1984 ein Konzert gab. Die Jazzkomponistin, Arrangeurin und Bandleaderin spielte mit ihren Musikern - Michael MANTLER (tp), Ray ANDERSON (tb), John CLARK (fh), Earl McINTYRE (tu), Steve SLAGLE (as, fl), Tony DAGRADI (ts, cl), Theodore SAUNDERS (p), Steve SWALLOW (bg) und Victor LEWIS (dr) - vor ausverkauftem Hause und löste wahre Begeisterungsstürme aus. Anfang des Jahres '90 gastierten dort Musiker wie Eric WATSON (p), Torsten MÜLLER (b), Paul LOVENS (dr) und die Westberliner Jazzformation "Serene" mit keinem geringeren als Marvin Hannibal PETERSON (tp), USA, als Gast. Das alles sind beeindruckende Beweise dafür, daß das "HdJT" seit vielen Jahren zu den ativsten und experimentierfreudigsten Jazzspielstätten der DDR zählt. Aber - "die Wende machte es möglich" - der wohl bisher absolute Höhepunkt waren die beiden Jazznächte in der zweiten Aprilwoche 1990, wo sich sechs der wichtigsten Formationen der avantgardistischen New Yorker Jazz-Szene präsentierten und produzierten. Gekommen waren sie mit dem sich zu dieser Zeit auf Europa-Tournee befindenden "Knitting Factory Festival". "Knitting Factory", ein kleiner seit 1987 existierender Klub in der Lower Eastside von Manhatten, inzwischen über die Grenzen der USA hinaus bekannt, widmet sich avantgardistischen Tendenzen in Kunst und Musik und ist mit solchen Namen wie John ZORN u.a. in Verbindung zu bringen. Im "HdJT" vermittelten folgende Formationen und Musiker in diesen beiden Nächten dem Publikum des Hauses einen repräsentativen Eindruck über die derzeitige New Yorker Jazz- und Rockszene: "Miracle Room Trio", die Band "Curlew" und "Bosko", die "Jazz Passengers", das "Myra Malford Trio", die Gitarristen Davey WILLIAMS, Marc RIBOT, Sonny SHARROCK und Hahn ROWE, die Bassisten Ed GRIER und Melvin GIBBS, Curtis FOWLKES (tb), Rock SAVAGE (perc), Tom CORA (vc), Roy NATHASON (sax). Seit dem Bestehen des "Palastes der Republik" gastierten im Großen Saal nicht nur nationale, sondern auch bedeutende internationale Jazzensembles und -solisten wie K. COLYER, Alex WELSH, K. BALL, MR. ACKERBILK aus Großbritannien, das "Willem-Breuker-Kollektief" aus Holland, "Fessor's Big City Band" aus Dänemark, die "Ferdinand-Havlik-Band" aus der CSSR, die "New-Orleans-Syncopators" aus den Niederlanden u.a.m. Am 2. und 3. Oktober 1986 gastierte Ch. BARBER zum wiederholten Male in Berlin im Großen Saal des Palastes mit einer Welturaufführung. Der britische Jazzposaunist, der sich besonders für Jazzsinfonik, aber auch für klassische Musik interessiert, musizierte mit seiner Dixielandband in diesem Konzert gemeinsaam mit dem "Großen Rundfunkorchester Berlin" unter Leitung von Robert HANELL. Ch. BARBER und Richard HILL (englischer Komponist) schrieben ein "Concerto für Jazzposaune und Orchester", die "New Orleans-Ouvertüre" und bearbeiteten solch bekannte Jazztitel wie "Mood Indigo", "Harlem Rag", "Immigration Blues" und ihr Markenzeichen "Ice Cream" von Ch. BARBER für Sinfonieorchester und Jazzband. Beide Klangkörper demonstrierten damit, daß eine gemeinsame Arbeit für die Musiker beider Stilrichtungen anregend sein kann. Darüber hinaus ist Jazz im "Jugendtreff" sowie im Foyer des Palastes als "Jazz im Vorübergehen" oder auch zu den Tagen der Volkskunst oder Palastbällen zu hören. Einer der prominentesten Gäste im Palast war am 09. Mai 1990 der Jazztrompeter Dizzy GILLESPIE, der an diesem Tage ein Benefizkonzert gab. Es stand unter der Schirmherrschaft von Willy BRANDT und fand im Rahmen des Projektes "Eine Welt für alle" statt.

Im "SEZ" gibt es seit seinem Bestehen ebenfalls Jazzveranstaltungsreihen wie "Jazz-Soiree" und "Swing im Park", in denen vorwiegend Dixieland und Jazz um den Swing geboten wird, u.a. von Musikern wie K. KÖRNER, Otto JEROSCH (p), Dieter KEITEL (dr), H.-G. SCHÄTZKE, dem "Blamu Jazz Orchestrion", den "Jenaer Dixieland Stompers" und der "Tower Jazzband Berlin". Auch im "Theater der Freundschaft" läuft seit September 1984 eine Veranstaltungsreihe, die sich Blues-Sonntag nennt. Dies ist ein Novum, da am Sonntag bisher nur selten Konzerte für die Freunde des Jazz stattfanden. Die "College-Band" mit Thomas KLEMM (ld, ts, fl), das "Günther-Fischer-Sextett" mit der Sängerin Angelika WEIZ, die Gruppen "Jonathan" und "Engerling" gehörten zu den musikalischen Akteuren dieser Reihe.

Nicht zu vergessen die Komische Oper Berlin! Im Sommer 1986 hatte die Reihe "Jazz im Frack" Premiere, die der erste Soloposaunist des Orchesters der Komischen Oper, Hartmut BEHRSING, ins Leben rief. Ihm zur Seite stand dabei Horst WÜRZEBESSER, erster Solobassist des selben Orchesters. Beide gründeten zusammen mit den Jazzmusikern Dieter KEITEL (dr) und Rainer "Mäcky" GÄBLER (sax, fl) das "Swing Quartett Berlin". Darüber hinaus ist H. BEHRSING Dirigent, Film- und Theaterkomponist, spielte und spielt in verschiedenen Jazzformationen: "Jazzoptimisten Berlin", "Dixieland Allstars" und "Jazzcollegium". Bisher bot die Reihe "Jazz im Frack" zwölf Programme mit unterschiedlichen Besetzungen, Formationen und Solisten, u.a. wirkten mit: Ruth HOHMANN, Jan HARRINGTON, Yank LAWSON, Roy WILLIAMS mit den "Dixieland Allstars" und die "Günther-Fischer-Band" mit ROSAY. Herausragend waren vier Konzerte: Das Scott-Joplin-Porträt mit Ausschnitten aus seiner Ragtime-Oper "Tree Monisha", u.a. mit R. HOHMANN, Wolfgang DEHLER und weiteren Musikern des Orchesters der Komischen Oper, Heinz BECKER (fl), Manfred MICHEL (cl) und Günter SCHEIBE (tp), der Gershwin-Abend mit der amerikanischen Opernsängerin Catherine GAYER von der Deutschen Oper Berlin (West), das Sonderkonzert in Zusammenarbeit mit dem SFB am 30. März 1990, mit Pascal von WROBLEWSKI, H. BEHRSING, Herb GELLER (USA), dem "Swing Quartett Berlin" und der "Dieter-Keitel-Swingin'-Crew" (Moderation: K. DRECHSEL und Siegfried SCHMIDT-JOOS) und der Kurt-Weill-Abend, am 30. Mai 1990 in der Komischen Oper Berlin.

Obwohl diese renommierten Häuser und Einrichtungen für die Jazzpräsentation in Berlin einen bedeutenden Beitrag leisten, würde das Ausbleiben der Aktivitäten der Jugendklub- und Kreiskulturhäuser der

Stadtbezirke in dieser Hinsicht eine spürbare Lücke hinterlassen. Für die vielen Einrichtungen dieser Art seien stellvertretend nur einige (da bereits über lange Zeit und besonders aktiv) genannt: "Jazzkeller Treptow", der "Club 29" des Kreiskulturhauses Mitte, der "Jugendklub Wilhelm-Pieck-Straße", der JK in der Leipziger Straße, die Gaststätte "Lukullus", das Kreiskulturhaus Lichtenberg, der Jugendklub "Sophienstraße", das "Jugendklubhaus Langhansstraße", das "Kreiskulturhaus Pankow".
Eine besondere Tradition hatte der "Jazzkeller Treptow" (Jazzklub des "Kreiskulturhauses Berlin-Treptow") aufzuweisen, der bereits seit 1964 (noch als Twistkeller bekannt) existierte und seit 1969 regelmäßig Jazzveranstaltungen organisierte.

Im "Jugendklub Wilhelm-Pieck-Straße" gründeten am 20. März 1983 Vertreter von Einrichtungen Berlins, die regelmäßig Jazzveranstaltungen durchführen, die "Jazzinitiative Berlin" mit dem Ziel, Erfahrungen auszutauschen und sich gegenseitig bei der Durchführung von Veranstaltungen zu helfen, um die Berliner Jazzszene weiterhin zu beleben und auf sie positiv einzuwirken.
Das Kreiskulturhaus Lichtenberg entfaltete sich vor allem Ende der siebziger, Anfang der achtziger Jahre zu einer Berliner Traditionsstätte des Jazz. Es begann mit der Veranstaltungsreihe "Jazz für Sie - Dixieland". Um nicht Gefahr zu laufen, einseitig zu werden und damit die Vielschichtigkeit des Jazz zu ignorieren, wurde das Jazzangebot über diesen Rahmen hinaus erweitert. Der im Mai 1982 gegründete "Local Jazz Club Berlin" (Ljcb) ist für die Popularisierung, das Verständnis und Selbstverständnis der musikalischen Ausdrucksformen des Jazz wirksam geworden. Außerdem entstanden die Veranstaltungsreihen "Jazzkontakt" (in Zusammenarbeit mit der KGD Berlin), "Jazz-Solo" und in Kooperation mit dem Polnischen Informations- und Kulturzentrum die Reihe "Polish Jazz". "Jazzkontakt"[7] ist bemüht, das gesamte Spektrum des Jazz, von den traditionellen Spielformen bis hin zum zeitgenössischen Jazz (einschließlich konzeptioneller Projekte) zu erfassen. Es dominieren Werkstattcharakter und die Kommunikation. Sie bestimmen das Profil der Veranstaltungen. Darüber hinaus gibt es Diskussionen, Workshops, Sessions und Tanzveranstaltungen im Programmplan des Hauses, um den Jazz in vielfältigen und interessanten Formen einem noch breiteren Publikumskreis faßlich und erlebbar zu machen. In diesem Zusammenhang wären noch zwei weitere Veranstaltungsreihen zu nennen: Ebenfalls in Lichtenberg wurde im Sommer 1986 durch den "Jugendklub Straße der Befreiung" die Reihe "Kontakt Café Jazz" ins Leben gerufen. Sie bietet rhythmisch und melodisch orientierten Jazz vom

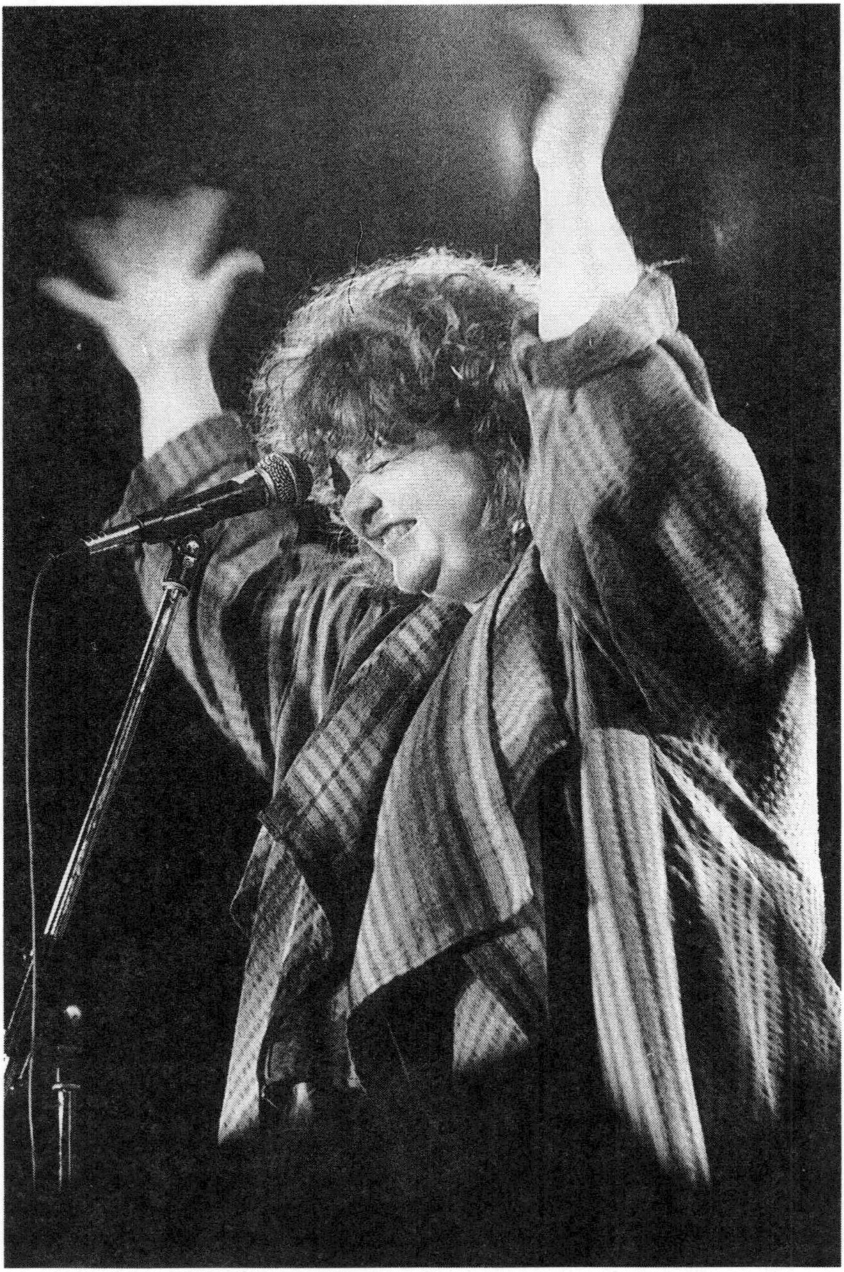

Pascal von Wroblewski (voc)

Dixieland bis zum Mainstream sowie Gelgenheit zur Kommunikation und zum Tanz nach einer Jazz-Diskothek. Im "Jugendklub Leipziger Straße" existiert seit September 1986 die Veranstaltungsreihe "Nach(t)spiele", die vor allem Jazzmusiker ohne vorherige Absprache nach ihren planmäßigen Auftritten und Verpflichtungen in Form von Jam Sessions präsentiert. Auch in dieser Veranstaltung dominieren der Gedankenaustausch, das Gespräch mit dem Musiker und die gesellige Gemeinsamkeit. Aktivitäten dieser Art können nicht hoch genug bewertet und eingeschätzt werden, da die vorhandenen Möglichkeiten einer solchen Freizeitgestaltung im Widerspruch zum realen Bedarf stehen. Die Gründung einer Gruppe "Jazztanz" (September 1983) durch Dr. Michael TROGISCH, das Konzert am 25. September 1983 im "Fritz-Reuter-Saal" der Humboldt-Universität Berlin mit dem Merseburger Domkantor H.-G. WAUER und G. SOMMER, der Jazzball am 30./31. März 1985 anläßlich des Welttheatertages im Künstlerklub "Die Möwe" usw. runden das Gesamtbild der Berliner Jazzszene ab.

In ähnlicher Weise gestaltet sich auch das Jazzleben in den Bezirken, Kreisen und Städten der DDR. In Frankfurt/Oder gibt es seit Anfang der achtziger Jahre Festivals kleineren Ausmaßes. So veranstaltete beispielsweise das Kulturzentrum der Stadt unter der künstlerischen Leitung von Michael DITTRICH einen "Music Workshop" (Mai 1982), bei dem auch dem Jazz verwandte Musikformen präsentiert wurden. Aus der DDR waren die Berliner Rock-Jazz-Gruppe "Bajazzo" mit Angelika WEIZ, die Sängerinnen Regina DOBBERSCHÜTZ und Uschi BRÜNING, die vom "Wolfgang-Schneider-Trio" begleitet wurde, das "Günther-Fischer-Sextett", das Duo W. FIEDLER /G. EITNER, die Ilmenauer Bluesband "Pro Art", die Erfurter Band "Ergo" und Volker SCHLOTT mit einer Formation von 19 Saxophonisten beteiligt. Der Bassist Siggi BUSCH aus der BRD, der Vibraphonist Tom van der GELD und der Schlagzeuger Billy ELGART aus den USA, die gemeinsam mit W. FIEDLER (p) aus der DDR musizierten, waren die internationalen Gäste dieses Workshops. Einen besonderen Höhepunkt im Jazzleben der Stadt Frankfurt/Oder stellte zweifellos das "American Folk Blues Festival"[8] dar, das am 6. November 1982 in der Konzerthalle "Carl Philipp Emanuel Bach" stattfand. Gäste dieses beeindruckenden Festivals waren: J. "Son" THOMAS, Archie EDWARDS (g, voc), "Bowling Green John" CEPHAS (g, voc), Phil WIGGINS (bluesharp, voc), die "Chicago Blues Generation" mit Lurri BELL (el-g, voc), Billy BRANCH (bluesharp, voc), Elisha "Eli" MURRAY (el-g), J. W. WILLIAMS (bg) und Moses RUTUES, jr. (dr), Carry BELL (Harm) und M. EVANS.

Seit September 1984 gibt es in Cottbus nach langer Pause (vgl. Kapitel: Siebziger Jahre) wieder nennenswerte Jazzinitiativen. Eine Jazz-AG unter Leitung von Jörg TUDIKA (Mitarbeiter der KGD Cottbus und Mitglied der Sektion Jazz des Komitees für Unterhaltungskunst) - Hauptpartner der AG ist die KGD und als Veranstaltungsträger fungieren der "Jugend-Klub Südstadt" und das Kulturhaus des Textilkombinates Cottbus - verfolgt seit ihrer Gründung die Konzeption, im Rahmen der Veranstaltungsreihe "Jazzpodium Cottbus" zeitgenössische artifizielle Musik mit Jazz zu kombinieren. So traten beispielsweise die japanische Sopranistin Norico KIMURA und die "Musica Juventa" aus Halle zwischen Soli von G. SOMMER und U. GUMPERT auf. Das "Jazzpodium extra", das in größeren Abständen stattfindet, steht jeweils unter einem besonderen Motto wie z. B. "Jazz over Mozart", "Jazz und Theater", "Folk Blues Party", "Uraufführungen", "Weihnachtsjazz" usw. Darüber hinaus gibt es jedes Jahr ein Liederjazz-Fest. Kurt DEMMLER, die "Dixieland Stompers", H. SACHSE, Günter SAALMANN (tb), G. EITNER, "Bibi Doran's Funkjazzband", das "Sinti Swing Quintett", die Gruppe "Wacholder", Gina PIETSCH waren u.a. Mitwirkende des "Liederjazz-Festes '86" vom 12. bis 14. Juni.

Die "Interessengemeinschaft Jazz Dresden" im Kulturbund der DDR beging im März 1987 ihr zehnjähriges Jubiläum. Im Keller des Kurländer Palais, in der "Tonne", besitzt sie ihre eigenen Klubräume und in der "Blue Wonder Jazzband" sozusagen ihre "hauseigene" Band. Die Dresdner IG ist äußerst aktiv und erweist sich durch ihre Arbeit sowohl in quantitativer als auch qualitativer Hinsicht der Jazztradition der Stadt Dresden durchaus als würdig. Damit leistet sie ebenfalls einen wesentlichen Beitrag zur Bereicherung der Jazzszene in der gesamten DDR. In jedem Monat gibt es Vorträge, Diskussionen, Klubabende, Jam Sessions und Jazzveranstaltungen, die die gesamte Breite und Vielschichtigkeit präsentieren wie das "DDR-Jazzpodium", den "Jazzclub International" (beides sind fixe Veranstaltungsreihen), "Dixieland", "Mainstream", "Jazz Today", einmal im Jahr das "Blues-Wochenende", "Solo-Guitar", "Latin-Jazz", "Funk-Jazz", "Rock-Jazz", "Swing-Time" usw. Eine Vielzahl bedeutender Jazzmusiker und -formationen nationalen und internationalen Ranges konnten in der "Tonne" ihr Können unter Beweis stellen.

Jazzveranstaltungen wie "Jazz in" in Coswig, die Jazztage Freiberg, die zahlreichen Veranstaltungenen des "Wolfener Jazzklubs", im "Kultur- und Jugendzentrum Wolfen-Nord" sowie die Konzerte im Naherholungszentrum "Fuhneaue" unter dem Moto "Jazz im Grünen", die "Ilmenauer Jazztage" (März 1986), die Aktivitäten des Magdeburger und

Chemnitzer Jazzklubs, das "1. Internationale Potsdamer Jazzfest" (20. bis 22. Juni 1986) usw. vervollkommnen das Bild der Jazzszene in der DDR und sind weitere Beweise dafür, daß der Jazz in der Musikkultur inzwischen den Platz einnimmt, der ihm gebührt. Auf der Grundlage dieser engagierten und kontinuierlichen Arbeit der Klubs, Arbeits- und Interessengemeinschaften, von Freunden, Anhängern und Förderern des Jazz sind solche Podien und Jazzereignisse wie "Jazz in der Kammer", das "Internationale Dixielandfestival" in Dresden, die "Jazzbühne Berlin" und die "Leipziger Jazztage" erst möglich geworden und aus dem kulturellen Angebot in der gesamten DDR nicht mehr wegzudenken. Aber gerade daraus, aus dem eigenständigen Charakter der Jazz-Szene, erwuchsen ihre Chancen, Kreativität, Flexibilität, Dynamik, aber auch ihre Probleme.

Nach wie vor erfreut sich das "Internationale Dixielandfestival" in Dresden größter Beliebtheit, das die spezifischen musikalischen Bedürfnisse der Hörer und Anhänger des Old Time Jazz befriedigt. Das stellten die Festivals der letzten Jahre erneut unter Beweis. An vier Tagen wurden z. B. 1986 90.000 Besucher gezählt und über zwanzig Veranstaltungen durchgeführt, die von vierzehn Jazzformationen aus elf Ländern (Großbritannien, Italien, BRD; Norwegen, Schweiz, UdSSR, Schweden, Dänemark, Polen, Jugoslawien, DDR) bestritten wurden. Die Vertreter der DDR waren u.a. die "Jazzoptimisten Sonneberg" und die "Dixieland All Stars" aus Berlin.

Die Konzertreihe "Jazz in der Kammer" (JiK) ist auch in den achtziger Jahren ein Jazzpodium der nationalen und internationalen Szene mit einem hohen Präsentationsniveau geblieben. Daran änderte auch die über drei Jahre währende Zwangspause nichts, die durch die Renovierungsarbeiten am "Deutschen Theater" eingelegt werden mußte. Am 11. Dezember 1983 wurde diese Reihe mit dem Konzert Nr. 122 in der traditionellen Spielstätte, der "Kammer", fortgesetzt. Dieses Konzert war in seinem Kern E.-L. PETROWSKY anläßlich seines 50. Geburtstages gewidmet. Bisher spielten nahezu 500 Musiker aus 29 Ländern in der "Kammer", u.a. E.-L. PETROWSKY; F. SCHÖNFELD, U. GUMPERT, C. BAUER, M. SCHULZE, J. KÜHN, G. SOMMER, K. KOCH, P. BRÖTZMANN, Wolfgang FUCHS, Erhard HIRT, A. MANGELSDORFF, Radu MALFATTI, Hans SCHNEIDER, J. TCHICAI, Th. STANKO, A. PEGE, I. SCHWEIZER, Norbert MÖSLANG, Mark CHARIG, Paul LYTTON, Phil WACHSMANN, Alfred ZIMMERLIN, das "Art Ensemble of Chicago", Fred van HOVE, W. BREUKER, das "Yamashita-Trio", das

"King Übü Orchestrü" usw. Am 14. und 15. November 1986 fand die 150. Veranstaltung statt, an der u.a. das "Manfred-Schulze-Bläserquartett", G. SOMMER, Paul MOTIAN (USA), U. GUMPERT, U. KROPINSKKI, H. SACHSE, T. OXLEY (GB), P. BRÖTZMANN (BRD) und C. BAUER mit seinem "Klangprojekt 1986" teilnahmen. Dieses Jubiläumskonzert war für die Theaterleitung und die "Arbeitsgruppe JiK" der Anlaß, die Konzeption der Reihe neu zu überdenken. Mit Beginn des Jahres 1987 wurde vom bisherigen Monatsrhythmus abgegangen und nach einer neuen Programmstruktur gearbeitet, die drei Veranstaltungen im Jahr (Februar, Mai und November) mit m e h r e r e n Konzerten vorsieht. Konzeptionelle Schwerpunkte und Themen werden sein "Jazz und E-Musik", "Jazz und Rock", "Jazz und darstellende Kunst".

Repräsentative internationale Jazzfestivals gab es bereits in den fünfziger Jahren in der CSSR und der VR Polen (Internationales Jazzfestival Prag, Warschauer Jazzjamboree). Mit den "Leipziger Jazztagen" und der "Jazzbühne Berlin", sie wurden fast gleichzeitig ins Leben gerufen (1976 bzw. 1977), entstanden auch in der DDR repräsentative Podien des zeitgenössischen Jazz mit internationalem Charakter. Vom 27. bis 29. Juni 1986 fand die "Jazzbühne" zum zehnten Mal statt. Es beteiligten sich 18 Gruppen und Solisten aus 15 Ländern, 9.000 Konzertbesucher wurden im Berliner "Friedrichstadtpalast" gezählt. Der Höhepunkt der "10. Jazzbühne" war zweifellos das Konzert des "Sun Ra Arkestra" aus den USA. Das "Sun Ra Arkestra" vereinte während seines Konzertes zur "10. Jazzbühne" auf beeindruckende Weise - sieht man über die seltsam anmutende Mischung aus Mythos und Show hinweg - die Vielfalt afrikanischer Musik mit Rhythmen des Voodoo, mit der amerianischen Tradition des Blues, der Perkussion und mit der Musik D. ELLINGTONS, C. BASIES und F. HENDERSONS (ohne dabei klischeehaft zu werden) in einem zeitgemäßen Gewand. Ebenso interessant und international neue Akzente setzend war der Auftritt des "L'Orchestre National de Jazz"[9] aus Frankreich. Herausragende Formation war die Gruppe "Doppelmoppel" (1982 gegründet). Sie besteht aus den führenden Jazzposaunisten der DDR-Jazzszene C. und J. BAUER und den Gitarristen U. KROPINSKI und H. SACHSE. Bereits im Ausland erfolgreich, gehört diese Gruppe zu den richtungsweisenden Formationen des zeitgenössischen Jazz in der DDR. Außer ihr waren die "Radio Big Band Berlin", das "Axel-Donner-Quintett", die Gruppe "Fusion" und Reinhard WALTER (p) mit der vielversprechenden Sängerin Pascal von WROBLEWSKI beteiligt. Bereits zur ersten "Jazzbühne", die sich allerdings im Vergleich zur zehnten mit 8 Gruppen und Solisten sowie 2

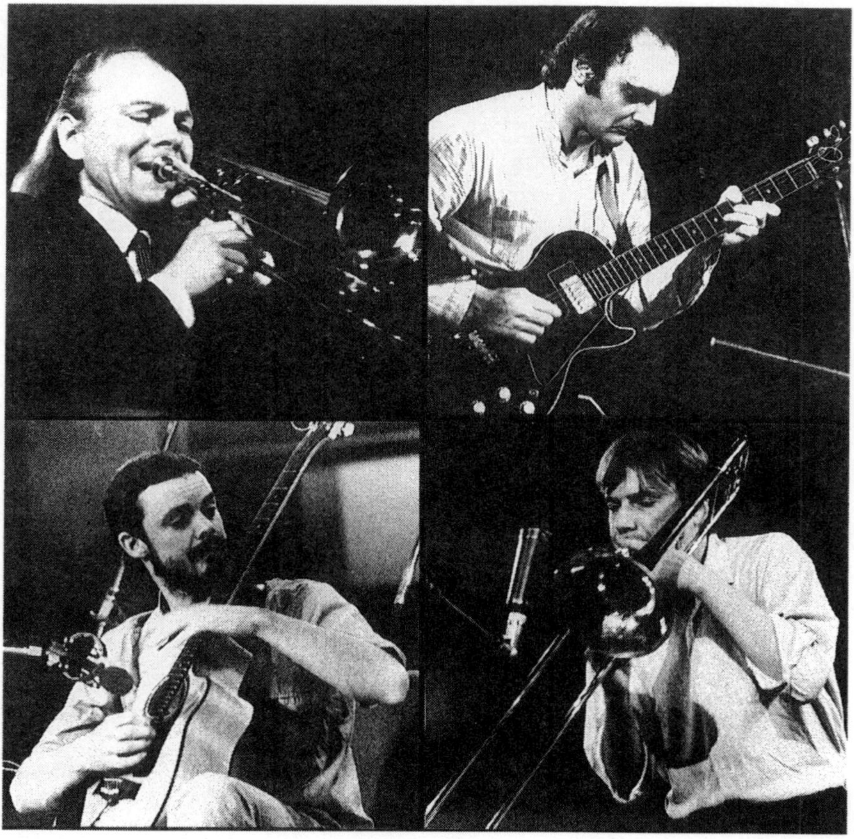

Doppemoppel,
mit Conrad und Johannes Bauer (tb),
Helmut "Jo" Sachse und Uwe Kropinski (g)

Konzerten relativ bescheiden ausnahm, wurde das bis heute beibehaltene Konzept deutlich, "renommierten DDR-Jazz herauszustellen, namhafte Künstler der internationalen Jazzentwicklung seit den 50er Jahren zu verpflichten, interessante und aktuelle Trends aus möglichst vielen Ländern vorzustellen und somit auch auf nationale Akzente aufmerksam zu machen".[10] Allmählich wurde die "Jazzbühne" auf 5 Konzerte erweitert. Es wurden Instrumental Recitals für Piano, Gitarre, Perkussionsinstrumente, Posaune, Duo-Besetzungen usw. aufgenommen. In Kooperation mit dem "HdJT" kamen Nachtsessions hinzu. Bisher fanden über 50 Konzerte mit etwa 200 Gruppen und Solisten aus über 25 Ländern statt. Seit Beginn der achtziger Jahre befanden sich darunter u.a. folgende Musiker und Jazzformationen: Stan TRACY (GB), I. SCHWEIZER (CH), J. van't HOF (Holland), die "Prager Big Band", Art BLAKEY (USA), das "European Quintett" (GB, BRD, Frankreich), das "Johansson-Ahvenlathi-Quintett" (Finnland), die Gruppe "Los Angeles Pour" (USA), Barbara THOMPSON (GB), das "BRT Tanzorchester" (Belgien), Gunter HAMPEL (BRD), Jeanne LEE (USA). "The Group" (Finnland) zusammen mit der "Radio Big Band Berlin", Dizzy GILLESPIE (USA), Ljubomir DENEW (Bulgarien), F. van HOVE (Belgien), die "Big Band des Tschechoslowakischen Rundfunks", Christoph SPENDEL und Wolfgang SCHLÜTER (BRD), das "Akira-Sakata-Trio" (Japan), György SZABADOS (Ungarn), Sakkis PAPADIMITRIOU (Griechenland), Abdullah "Ibrahim-Dollar" BRAND (Südafrika), Lester BOWIE (USA), Derek BAILEY (GB), das "Sam-River's-Rivbea-Orchestra" (USA), Yosuka YAMASHITA (Japan), Horace PARLAN (USA), Art FARMER (USA), Pat PETERSON (USA), Han BENNINK (Niederlande), J. TCHICAI (Dänemark), Karin KROG (Niederlande). John SURMAN (GB), die Gruppe "Salamander" aus Schweden, das "Urs-Blöchlinger-Sextett" (CH), das "Duo A. von Schlippenbach - P. Lovens" (BRD), das "Duo Waldron - Lacy" (USA), die Gruppe "String Connection" (Polen), Max ROACH (USA), Johnny GRIFFIN (USA), das "East Asia Orchestra" (Japan), Anthony BRAXTON (USA), Burhan OECAL (Türkei), das "Duo Moss - Rose " (USA, Australien). Trevor WATTS (GB) mit seiner "Moire Music" und weiteren Musikern aus Großbritannien, Ghana und Südafrika, das "Duo Saarsalu-Winzkiewicz" (UdSSR), Betty CARTER (USA), Franz de BYL (BRD), George ADAMS und James "Blood" ULMER (USA), Emily REMLER und Michael URBANIAK (USA), das "Vienna Art Orchestra" (Österreich, Schweiz, USA, BRD). Aus der DDR waren es u.a. folgende Musiker und Jazzformationen: Das "Günther-Fischer-Sextett", die Gruppe "Synopsis", die "Klaus-Lenz-Band", Uschi BRÜNING & Co., das "Jazzensemble Studio IV", die "Radio Big Band Berlin", F. SCHÖNFELD, die Gruppe "Fusion", das "Conrad-Bauer-Quartett", E.-L. PETROWSKY, das "Berliner Improvisations-Trio", H. KELLER, G. SOMMER, U. GUMPERT, U. KROPINSKI, C. und J. BAUER, H. REMPEL, das "Wolfgang-Fiedler-Sextett", A. DONNER, Jens SALEH (b), S. SACHSE, M. HERING, H. ZERBE, Jürgen HECKEL (g), das "Zentralquartett" (ehemals "Synopsis"). Seit 1982 wird die "Jazzbühne" traditionsgemäß mit einem Konzert der "Radio Big Band Berlin" eröffnet. Dieses Konzert steht jeweils unter einem bestimmten Motto und wird jedes Jahr von einem anderen Gastdirigenten geleitet. Bisher waren es George GRUNTZ aus der Schweiz (1982), Thad JONES[11] aus den USA (1983), Peter HERBOLZHEIMER aus der BRD (1984), Eberhard WEISE aus der DDR (1985) und A. von SCHLIPPENBACH aus der BRD (1986). Seit 1983 gibt es ein weiteres Novum: Von der "Jazzbühne" werden jedes Jahr renommierten Jazzmusikern aus der DDR Auftragswerke erteilt, die sie im Rahmen eines Jazzbühnen-Konzertes vorstellen. Sie wurden u.a. an W. FIEDLER (1983), H. ZERBE (1984), G. SOMMER (1985) und R. WALTER (1986), der gemeinsam mit P. von WROBLEWSKI auftrat, vergeben. Im Jahre 1987, der Berliner Jazzklub feierte seinen fünften Geburtstag, kam es in Sachen "Jazzbühne" zu einer empfindlichen Unterbrechung. Der damalige Intendant des "Friedrichstadtpalastes" , der traditionellen Veranstaltungsstätte der "Jazzbühne", W. STRUCK, versagte ihr aus uneinsichtigen Gründen das Haus. Das "Deutsche Theater", das sich seit 1965 dem Jazz verpflichtet fühlt (Konzertreihe "Jazz in der Kammer"), sprang uneigennützig in die Bresche. Die "Kammer Nr. 152" gab einen Tag an die "Jazzbühne" ab, so daß für die enttäuschten Jazzfreunde aus der gesamten DDR letztendlich doch noch eine "Mini-Jazzbühne" blieb. Auf dem Programm standen ein internationaler Percussion-Workshop, u.a. mit Hermann NAEHRING, Steffan DOHANETZ (DDR) und Burhan OECAL (Türkei), das Klavierduo U. GUMPERT/Simone WEISSENFELS, das "European Jazz Ensemble", der V. SCHLOTT/G. LAKATOS - Workshop, das Quartett "Masqualero" aus Norwegen und die einundzwanzigköpfige Big Band "Loose Tubes" aus Großbritannien. Vom 02. - 05.06.1988 fand die "Jazzbühne" in gewohnter Weise wieder im "Friedrichstadtpalast" statt. Darüber hinaus gab es weitere Veranstaltungen, Nachtkonzerte und Sessions u.a. im "Jugendklubhaus Langhansstraße", "Jazzklub Berlin" (Klubhaus Sophienstr.), "HdJT", "Kino International", "Kreiskulturhaus Lichtenberg", in der "Wabe". Spektakulärstes Ereignis der "Jazzbühne '88", das Konzert des "1. Nationalen Jazzorchesters der DDR" unter Leitung von C. BAUER. Das zweite Konzert bot ein Hanns-Eisler-Projekt, international besetzt, unter der musikalischen Regie von Hannes ZERBE. Ein Big Band Programm (CS/PL) eröff-

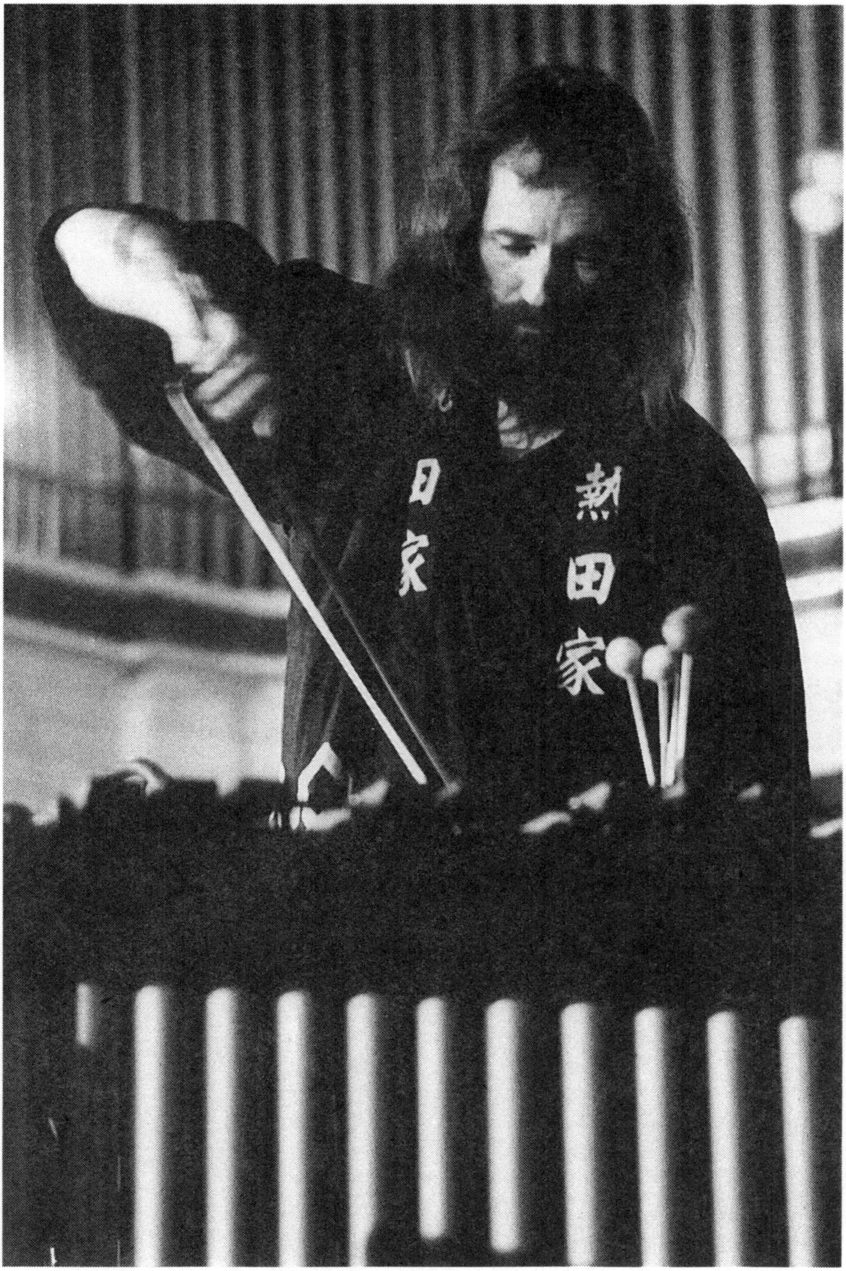
熱田家

Hermann Naehring (perc)

nete das dritte Konzert, ihm folgten die "Fun Horns" (DDR), die "Paris Reunion Band" (USA), u.a. mit Woody SHAW (tp). Beschlossen wurde die "Jazzbühne '88" mit einem internationalen Programm: "Mindrila Quartett" (PO), "Arturo Sandroval Gruppe" (C), "Vocal Summit" (USA) und das "Ornette Coleman Septett" (USA). Auch 1989, wenn auch mit einem Monat "Verspätung", vom 14. - 16.07.89, gab es die "Jazzbühne Berlin" in altgewohnter Weise und an den traditionellen Spielstätten. Das Programm war ebenfalls wieder umfangreich und interessant. Einige Musiker und Formationen, stellvertretend für die vielen, sollen genannt sein: "Distrikt Six" (Südafrika/GB), Art BLAKEY und "The Jazz Messengers" (USA), "Axel Donner Quartett" (DDR), Duo H. SACHES (g)/Johannes BAUER (tb), DDR, "Trilok Gurtu Group" (Indien/DK/S), "Lauren Newton Trio" (USA), "The Leaders" (USA), mit Choco FREEMAN, Arthur BLYTHE, Lester BOWIE, Cecil McBEE, Kir LIGHTSEY, Don MOYE, Aki TAKASE (Japan), A. v. SCHLIPPENBACH (BRD), P. von WROBLEWSKI & "Bajazzo" (DDR), "Dun Dun Orchestra (BRD/Nigeria/USA), "Orchester Vielharmonie" (DDR), "Archangelsk" (SU), "Scofield Trio" (USA), Charlie EITNER (g-solo), DDR, u.a. Die vom 06.-08.07.'90 geplante "Jazzbühne" fiel aus. Gründe: Währungsunion - Kostenfrage - fehlende Sponsoren!

Der "Jazzklub Leipzig" ist der einzige in der DDR, der in Zusammenarbeit mit den örtlichen Organen der Stadt Leipzig (Rat der Stadt, Stadtleitung des Kulturbundes, der Kulturdirektion Leipzig usw.) ein Festival großen Formates, wie es die "Leipziger Jazztage" darstellen, in e i g e - n e r Verantwortung organisiert. Darüber hinaus gibt es das ganze Jahr über, ebenso wie in Dresden, Cottbus, Frankfurt/Oder, Berlin und in anderen Städten der DDR, eine Vielzahl von Konzerten und anderen Veranstaltungen. Der "Jazzklub Leipzig" verfügt ebenfalls über ein eigenes Publikationsorgan, "jazzreport", das neben aktuellen Informationen über die Leipziger Szene, über Konzerte und Veranstaltungen Beiträge und Artikel enthält, die über Jazzformationen, -musiker, die internationale Jazzszene und über kulturpolitische Probleme berichten. Die Palette der Veranstaltungen im "Klubhaus Nationale Front", im "Klub der Intelligenz", in der "Kongreßhalle/Zoo" und im Jugendklub "Moritzbastei" ist sehr weit gefächert. Das Angebot reicht von Konzerten, Filmvorführungen, Vorträgen bis hin zu Open-Air-Veranstaltungen. Besondere Verdienste um die Entwicklung einer lebendigen Jazzszene in Leipzig erwarben sich neben den aktiven Mitgliedern des Jazzklubs Musiker wie M. SCHULZE, Werner PFÜLLER, M. HERING, Erwin STACHE (p), Gert UNGER (g), H. SACHSE, Wolfram DIX (dr) und Ralf STOLLE mit seiner

"Jazz-Studio Big Band", einer regelrechten "Jazzmusikerschmiede". Über den Rahmen der eigenen Szene hinaus gehen die "Leipziger Jazztage", die jährlich einmal (Ende September, Anfang Oktober) stattfinden und neben der "Jazzbühne Berlin" ein bedeutendes nationales Festival mit internationaler Beteiligung darstellen. Seit Beginn der achtziger Jahre waren zu den Jazztagen in Leipzig u.a. folgende Musiker und Formationen zu Gast:Mal WALDRON (USA), Rudolf DASEK (CSSR), A. MANGELSDORFF (BRD), T. WATTS (GB), Barre PHILLIPS (USA), Allan PRABKIN (USA), K. ZGRAJA (Polen), J. BEDNAREK (Polen), Egberto GISMONTI (Brasilien), Alan SKIDMORE und T. OXLEY (GB), Hermann BREUER, Rudi SCHRÖDER und Ernst BIER (BRD), G. HAMPEL (BRD), Perry ROBINSON (USA), J. LEE (USA), Johannes "Buschi" NIEBERGALL (BRD), Andrea CENTAZZO (Italien), John FISCHER (USA), A. von SCHLIPPENBACH (BRD), Lajos HORVATH (Ungarn), Wilton GAYNIER (Jamaica), Rob van den BROECK (Niederlande), R. MALFATTI (Österreich), Dieter GLAWISCHNIG, Ekkehard JOST (Österreich/BRD), das "Milan-Swoboda-Quartett" (CSSR), das "Antal-Lakatos-Quartett" (Ungarn), John THOMAS (USA), Ponda O'BRYAN (Surinam), Vince WEBER (BRD), das "Igor-Brill-Quintett" (UdSSR), S. RIVERS (USA), Zdanek DVORAK (CSSR), das "Vienna Art Orchestra" (Österreich), unter der Leitung von Mathias RÜEGG (Schweiz), Alphonse MOUZON (USA), Barry ALTSHUL (USA), Jay OLIVER (USA), Beaver HARRIS (USA), Francis HAYNES (Trinidad), J. TCHICAI (Dänemark), A. PEGE, Karoly BINDER (Ungarn), Djamchid CHEMIRANI (Iran), Nana Twum NKETI (Ghana), Eddie PREVOST (GB), Iliana ALVARADO (Argentinien), Arthur BLYTHE (USA), Burton GREENE (USA), Andrew CYRILLE (USA), P. BRÖTZMANN (BRD), Peter KOWALD (BRD), Edvard VESALA (Finnland), Charles GAYLE (USA), George HASLAM und P. RUTHERFORD (GB), das "Duo Couturier-Celea" (Frankreich), Peter WARREN (USA), Richard FAUY (Frankreich), Christy DORAN (Irland), Victor LEWIS (USA), Chris CUTLER (GB), Jim SAUTER (USA), Torsten WINKEL (BRD), Itaru OKI (Japan), Tadashi ENDO (Tänzer aus Japan), G. ADAMS und J. "Blood" ULMER (USA), Doug HAMMOND (USA), Paul LYTTON (GB), Urs LEIMGRUBER (Schweiz), Norma WOSTON (GB), Aki TAKASE und Nobuyoshi INO (Japan), das "Marvin-Hannibal-Peterson-Quartett" (USA), Chris McGREGOR (Südafrika), das "Quintetto des Maria Joao" (Portugal), Dudu TUCCI (Italien), Albrecht RIERMEIER (Westberlin), Harold BECKETT (Barbados), Ernest MOTHLE (Südafrika), Jim MENESES (USA), die Gruppe "Osjan" (Polen), die "Dr.-Umezu-Band" (Japan), die "Mike-Westbrook-Brass-Band" (GB). Aus der DDR beteiligten sich die renommiertesten Musiker und Gruppen. Bisher standen auf den Bühnen

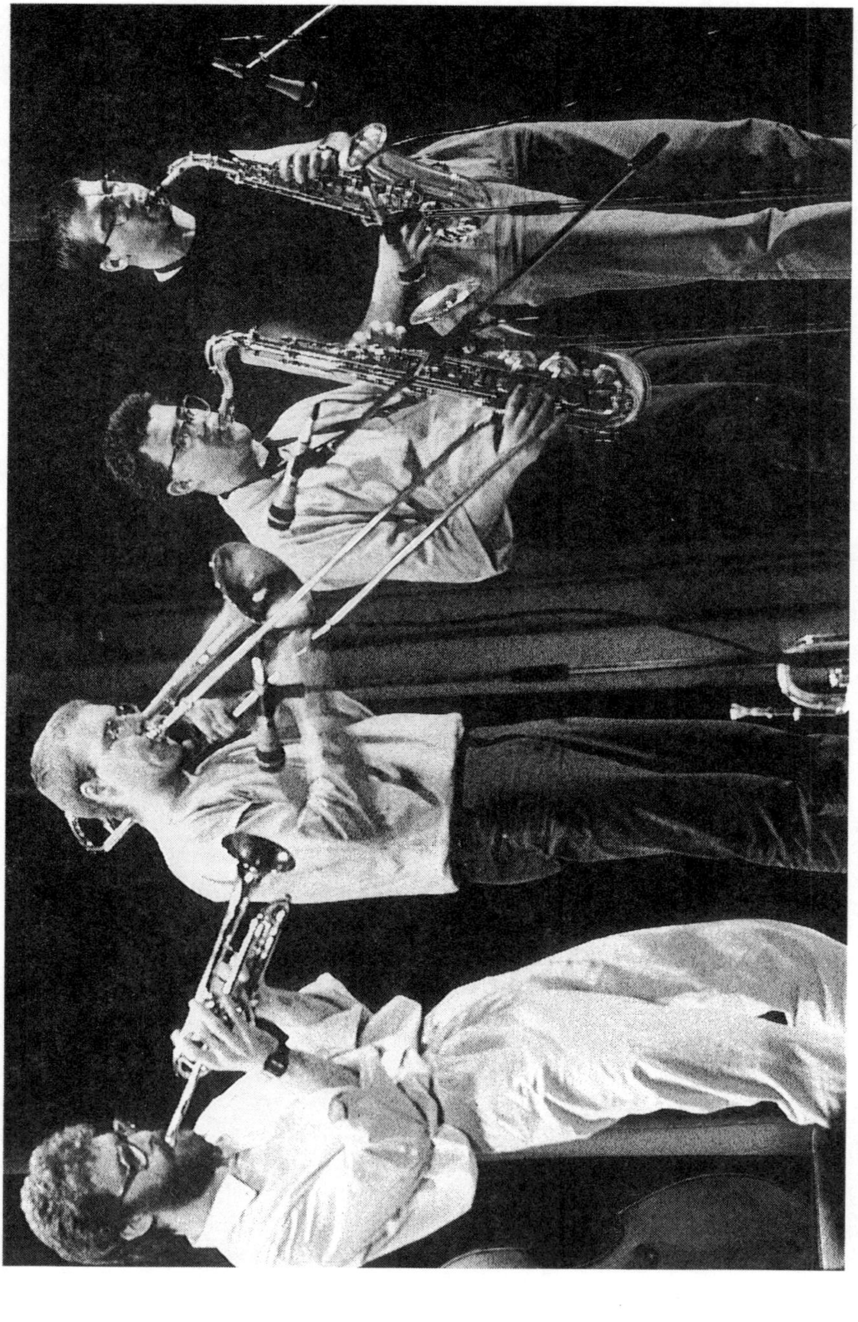

Fun Horns,
mit Joachim "Hermann" Hesse (tp), Jörg Huke (tb),
Thomas Klemm (sax) und Volker Schlott (sax)

der "Leipziger Jazztage" etwa 350 Künstler, davon etwa 100 aus der DDR. Nahezu 150 Gruppen und 20 Solisten bestritten über 50 Konzerte. Die "10. Leipziger Jazztage" (September 1985), ebenfalls ein Höhepunkt im Jazzgeschehen der DDR, stellten erneut unter Beweis, daß sie als ein Festival internationalen Ranges nichts von ihrer Lebendigkeit, musikalischen Ausstrahlung und Anziehungskraft verloren haben. Begrüßenswerte Novitäten dieser Jazztage waren die Veranstaltung "Jazz für Kinder" und das Podium zum Thema "Der Jazz und sein Publikum", zu dem die "AG Jazz" der "Zentralen Kommission für Musik" eingeladen hatte. Jazzpublizisten, Kulturfunktionäre, Leiter von Jazzklubs und -interessengemeinschaften aus der gesamten DDR, Pädagogen und Vertreter von Funk und Fernsehen tauschten zu dieser Thematik ihre Meinungen, Erfahrungen und Gedanken aus, um die Ergebnisse dieses Austausches für ihre eigene Arbeit im Sinne der weiteren Profilierung des Jazz in der DDR zu nutzen.[12] Um die Fortsetzung eines solchen Dialogs, nicht nur im Sinne eines verbalen Gedankenaustausches, sondern auch im Sinne der Weiterführung eines musikalischen Dialoges des Jazz mit anderen Bereichen der Musik, waren ebenfalls u.a. die "11. Leipziger Jazztage" bemüht. Die Gruppe "Junge Musik" unter der Leitung von Steffen SCHLEIERMACHER (p), gab im September 1986, anläßlich der "11. Leipziger Jazztage" ein Sonderkonzert, in dem amerikanische Konzertmusik (u.a. Werke von John CAGE, Henry COWELL, Charles IVES, Edgar VARESE) erklang, die vom Jazz und von der afroamerikanischen Musikkultur beeinflußt ist. Damit wurde das stilistische Spektrum dieses Festivals - im Jahre 1985 war es das Konzert einer Gruppe um H. KELLER, Michael SELL und Carin LEVINE - um eine weitere Nuance bereichert. Ein langjähriger Freund und Mitstreiter H. KELLERS ist M. SCHULZE (bars, cl), der sich auf Komponissten wie H. EISLER, A. SCHÖNBERG, Anton WEBERN, Krzysztof PENDERECKI, Witold LUTOSLAWSKI bezieht, aber auch auf folkloristische Elemente und die Musiktradition zurückgreift. Ein Beispiel hierfür ist sein anspruchsvolles "Concerto grosso" - uraufgeführt am 08.12.1985 zu den 1. Jazztagen der DDR in Weimar - in dem er musikalisches Material Georg Friedrich HÄNDELS in seinen improvisierten Klangstrukturen und -flächen verwendet. Hanno REMPEL, ebenfalls Pianist, Komponist und Improvisator, ist bereits über lange Jahre um einen sinnvollen Kompromiß in dieser Frage bemüht. Seine Kontakte sind allerdings durch stark kompositorisch-konzeptionelle Züge geprägt. Seine "Improvisatoren" sind solche renommierten Jazzmusiker wie Conrad und Johannes BAUER (tb), Dietmar DIESNER (saxes), Hans-Joachim GRASWURM (tp)[13]. K. KOCH (b), E.-L. PETROWSKY (reeds), G. SOMMER (dr), und aus dem "anderen Bereich" sind es Musiker wie Burkhard GLAETZNER (ob), Matthias SANNENMÜLLER (va), Wolfgang WEBER (vc), Dieter ZAHN (b) u.a. Hannes ZERBE (p, synth) und seine "Blechband" verbinden ebenfalls Elemente zeitgenössischer artifizieller Musik mit dem Jazz. Er fühlt sich besonders der Musik H. EISLERS verpflichtet.[14] Bemerkenswert ist ebenso die bereits ein Jahrzehnt während Zusammenarbeit zwischen E.-L. PETROWSKY und dem Merseburger Domorganisten Hans-Günther WAUER. H.-G. WAUER spielt auch im Duo mit G. SOMMER, oder wie im Dezember 1985 in Weimar, im Trio mit K. KOCH und E.-L. PETROWSKY. 1984 fand ein Duokonzert mit WAUER und PETROWSKY anläßlich der Einweihungsfeierlichkeiten einer neuen Orgel in der Torgauer Stadtkirche statt.

Einen reizvollen Aspekt eröffnete E.-L. PETROWSKY dem zeitgenössischen Jazz, als er 1983 mit Walfriede SCHMITT einen Dialog besonderer Art begann: Er improvisierte auf Saxophonen, Klarinetten und Flöten zu ihrer Rezitation der "Regenbogenlieder" des indianischen Dichters Jimmie DURHAM.

Ebenfalls interessant ist die Verbindung zeitgenössischer Jazzmusik mit der darstellenden oder mit der bildenden Kunst, wie es durch die Pantomimin Fine KWIATKOWSKI und dem bildenden Künstler Volkmar FÖRSTER im Dezember 1985 in Weimar dokumentiert wurde. Diese Aktivitäten sind ein beredtes Zeugnis vom Integrationsvermögen und von der Korrespondenzfähigkeit des Jazz als improvisierte Musik mit anderen Künsten.

Diese Tendenzen beweisen, daß sich der Jazz in der DDR in den letzten fünfzehn Jahren sowohl in quantitativer als auch qualitativer Hinsicht bemerkenswert weiterentwickelt hat, wovon seine nicht nur im nationalen Rahmen anerkannten Spitzenleistungen zeugen. Zwischen nationaler und internationaler Repräsentanz bestand bisher aber ein Gegensatz, den es zu überwinden galt. Es ging vor allem darum, den Leistungsstand des DDR-Jazz zu demonstrieren, ein Podium der Gesamtpräsentation der nationalen Szene zu schaffen.

Diesem Faktor Rechnung tragend, konzipierte und initiierte die Sektion Jazz des Komitees für Unterhaltungskunst der DDR die Durchführung eines Jazzfestivals auf nationaler Ebene. Vom 6. bis 8. Dezember 1985 fanden in Weimar die 1. Jazztage der DDR statt. An drei Tagen wurden 16 Veranstaltungen durchgeführt. 220 Musiker spielten für über 8.000 Besucher und präsentierten in einer Leistungsschau sehr eindrucksvoll

Quantität, Qualität und Spezifik des DDR-Jazz. Unter diesen Musikern befanden sich 120 professionelle Jazzer und 100 Amateure, vorwiegend aus dem Dixielandbereich.[15] Die Konzerte und Sessions wurden durch folgende Musiker und Formationen bestritten: E.-L. PETROWSKY, das "Werner-Pfüller-Quartett", Marianne BAER, Jaqueline JACOB, die Gruppe "Jazzterday", W. FIEDLER, G. EITNER, Volker SCHLOTT, die Gruppe "Doppelmoppel", H. ZERBE und "Blechband", "Jazz-Assoziation Berlin", die Gruppe "College", Th. KLEMM, I. HAUSMANN, J. HESSE, K. KOCH, H. KELLER, G. SAALMANN, H. SACHSE, Die "DTS", die "Dieter-Keitel-Big-Band", das "Günther-Fischer-Sextett", die "Eberhard-Weise-Big-Band", die Gruppe "Prima Klima", das "Sinti Swing Quintett", M. SCHULZE mit seinem "Concerto grosso", R. WALTER, P. von WROBLEWSKI, die Gruppe "Media Nox", die "Big-Band-Variation", H. NAEHRING, das "Axel-Donner-Quartett", die Gruppen "Bajazzo" und "Fusion", das "Gustav-Schuster-Quartett" u.a. Im Studentenklub "Kasseturm" musizierten die Dixieland-Formationen aus dem Amateurbereich. Darüber hinaus wirkten Künstler aus anderen Bereichen mit, z.B. der Merseburger Domorganist H.-G. WAUER, die Pantomimin Fine KWIATKOWSKI und der bildende Künstler Volkmar FÖRSTER. Das erste DDR-Jazzfestival reflektierte deutlich sowohl das allgemeine als auch künstlerische Leistungsniveau der Musiker sowie den Stellenwert des Jazz in der Musikkultur der DDR, vermittelte neue Impulse und wirkte damit stimulierend auf die weitere Entwicklung dieser Musizierpraxis.[16]

Vom 23.-26.11.1989 fanden nach vierjähriger Pause zum zweiten Mal die Jazztage der DDR in Weimar statt. Die Präsenz von 64 Jazzformationen, sie entsprachen 350 Musikern, zeugten wiederum von der nicht nur quantitativ, sondern auch qualitativ gewachsenen Vielfalt und Breite der DDR-Jazzszene. Das stellten die 27 Konzerte auf 7 verschiedenen Podien samt und sonders in praxi unter Beweis. Die musikalische Palette reichte vom Dixieland bis zur Avantgarde. Den Auftakt bildeten Dietmar DIESNER (solo-saxes), die "Hannes-Zerbe-Blech-Band" mit einer eigens für Weimar komponierten Suite, die "Fun Horns" und das "Zentralquartett" mit C. BAUER (tb), U. GUMPERT (p), E.-L. PETROWSKI (reeds) und G. SOMMER (dr). Diese Musiker, die sich 1974 in der Gruppe "Synopsis" zusammenfanden und sowohl mit dieser Formation als auch durch ihre eigene Persönlichkeit den DDR-Jazz der siebziger Jahre international ins Gespräch brachten, erwiesen sich auch in der Zentralquartett-Formation nach wie vor als Jazzmusiker par excelence. Folgende Musiker und Formationen bestritten und gestalteten das weitere interessante und vielfältige Programm: Frank RASCHKE (p, key) mit dem Orchester "Vielharmonie", das Cello-Baß-Duo Peter KOCH/Christoph WINCKEL, die Saxophonisten (im Trio) Warnfried ALTMANN, Wladimir ILJEW und Clemens HOFFMANN aus Halle, die Gruppe "College", "Upside-Downside", das "New Phantastic Art Orchestra of North" (aus der Gruppe "DEKA-dance" hervorgegangen), Alexander BLUME und "Intercityband", die Gruppe "Loft-Line", die "Keitel-Big-Band" mit P. von WROBLEWSKI, das "Frieder W. Bergner-Projekt", Anke SCHENKER (voc) und "Collage", "Mr. Adapoe", das "Schock-Trio" mit Angela CHRISTOF (voc), das Duo PETROWSKI/BRÜNING, "Fine + Scheuerecker", das "Volker-Schlott-Quartett", das "Schulze-Bläser-Quintett", das "Rempel-Nonett" u.a. Besonders zu erwähnen: Ch. EITNER mit seinem Quartett bot eine musikalisch äußerst brillante, aber auch brisante Interpretation der modalen Jazzkomposition "Milestones" von Miles DAVIS, das ausgezeichnete literarisch-musikalische Kurt-Schwitters-Programm ("MERZ-JAZZ"), gestaltet von H.-J. FRANK (voc), J. HUKE (tb), Ch. EITNER (g) und H. ZERBE (p, key), die Begegnung zwischen den Musikern Karl SCHARNWEBER (org), Kirchenmusiker aus Rostock, Th. KLEMM (ts) und Wolfgang SCHMIEDT (g), die in der Jakobskirche zu Weimar ungewöhnliche Choralbearbeitungen zu Gehör brachten und nicht zuletzt - der spektakuläre Auftritt des 3. Nationalen Jazzorchesters der DDR unter der Leitung von G. SOMMER ! Alles in allem - ein positives Fazit was zum zweiten Male in Weimar gezogen werden konnte.

Der für die achtziger Jahre zu konstatierende Progreß in der DDR-Jazzentwicklung stand im engen Zusammenhang mit der zunehmenden Anerkennung dieses musikalischen Genres, die einherging mit einer weiterhin zunehmenden Professionalisierung der Jazzmusiker. Diese wiederum gewährleistete größere ökonomische Sicherheit, womit den Musikern größere Freiräume zur Erprobung neuer musikalischer Ideen und zum schöpferischen Experiment und deren Umsetzung geschaffen wurden. Ebenso spielte die größere Freizügigkeit im internationalen Austausch von Musikern eine wesentliche Rolle. Im stärkeren Maße als bisher bestand die Möglichkeit, ausländische Musiker (vor allem auch des "kapitalistischen" Auslandes) in die DDR zu verpflichten, und Jazzmusiker der DDR erhielten die Gelegenheit, mit ihren Leistungen den Stand unserer Jazzentwicklung nicht nur im "sozialistischen", sondern auch im "kapitalistischen" Ausland zu repräsentieren. Hierin offenbaren sich ebenfalls spezifische Kriterien der Jazzentwicklung in der DDR, die für die achtziger Jahre charakteristisch sind. Die KGD organisierte seit

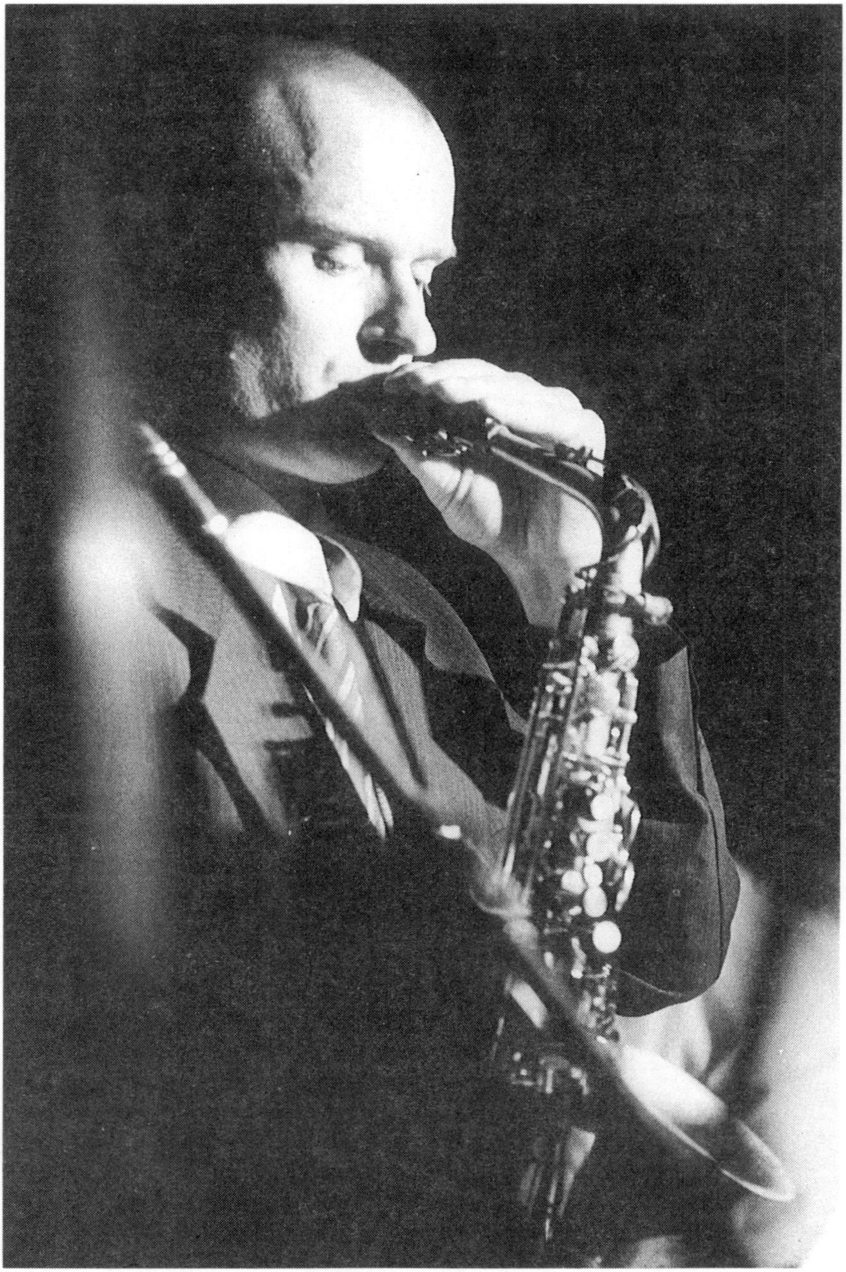

Dietmar Diesner (sax)

1974 verstärkt Gastspiele internationaler Jazzmusiker. Etwas später begann auch die intensive Auslandsentsendung führender Jazzer der DDR, die in ganz Europa und teilweise auch in Nord- und Südamerika, Afrika und Asien auftraten. Seitdem sind die Jazzmusiker aus der DDR anerkannt und gefragt. Viele Jazzer sind Mitglieder internationaler Orchester. So hat beispielsweise E.-L. PETROWSKY mit unzähligen internationalen Spitzenmusikern in den verschiedensten Besetzungen und Ländern (Indien, Italien, BRD, USA, Schweiz, Berlin/West, Südamerika) musiziert. Er ist Mitglied der "George-Gruntz-Concert-Jazz-Band" und des "Globe Unity Orchesters" (Leitung: A. von SCHLIPPENBACH). Ebenso war er Mitglied des "Bergisch-Brandenburgischen Quartetts" (Schweden, BRD, DDR), das bei AMIGA eine LP einspielte, und des "Norddeutschen Improvisations- und Klangorchesters" in der BRD. G. SOMMER ist ebenfalls gefragtes Mitglied des "Globe Unity Orchesters" und vieler internationaler Workshopbesetzungen. Andreas ALTENFELDER ist seit 1980 Gastsolist des "Willem-Breuker-Kollektivs". C. BAUER und E.-L. PETROWSKY spielten 1983 gemeinsam im Orchester des Chikagoer Komponisten und Bandleaders George LEWIS .

U. GUMPERT war auch Mitglied internationaler Workshops und Besetzungen und nahm 1981 als Dozent an dem Sommerkurs für Jazzmusiker in London teil. Im Mai 1983 gastierten die "Dixieland All Stars" aus Berlin beim Dixielandfestival in Sacramento, der Hauptstadt des USA-Bundesstaates Kalifornien. 99 Jazzbands, 86 aus den USA, 10 aus "kapitalistischen" und 3 aus "sozialistischen" Ländern, darunter die "Dixieland All Stars" aus Berlin, musizierten auf 50 Veranstaltungen für 200.000 Zuhörer. Der Formation aus der DDR gehörten Hanjo PAPE (ld, bj, vos), Hartmut BEHRSING (tb), H.-J. GRASWURM (flh, tp), K. KÖRNER (cl), H.-G. SCHÄTZKE (b), und W. WINKLER (dr) an. Von den "Berliner All Stars" wurden etwa 20 Auftritte bestritten, die vom Konzert bis zum musikalischen Background für eine studentische Protestversammlung reichten. Mit viel Beifall von Zuhörern und von der Presse bedacht, wurde der Auftritt der DDR-Formation in einem Jazzclub New Yorks, der anläßlich der Feierlichkeiten zum hundertjährigen Jubiläum der Brooklin-Bridge stattfand. Das hohe musikalische Können und Niveau eines jeden einzelnen Musikers sowie der gesamten Gruppe brachten den DDR-Jazzmusikern im Ursprungsland des Jazz Anerkennung und Wertschätzung ein. Dieser Erfolg war um so höher zu bewerten, da einem großen Teil der Jazzrezipienten in den USA kaum etwas über die DDR oder den DDR-Jazz bekannt gewesen ist. Diese nunmehr fast zwanzig Jahre bestehende Formation konnte den Erfolg von 1983 im Juli 1984 durch eine nochmalige Teilnahme am Festival in

Sacramento wiederholen. Darüber hinaus gastierten sie ebenso erfolgreich in der CSSR, in Ungarn, in der BRD und in Holland. Bislang nahmen führende Jazzmusiker der DDR natürlich auch an den internationalen Jazzfestivals in den osteuropäischen Ländern wie in Warschau, Prag, Bratislava, Debrecen usw. teil. Das "Wolfgang-Fiedler-Trio" z.B. unternahm mit der Sängerin R. DOBBERSCHÜTZ erfolgreiche Tourneen durch Ungarn, Polen, die CSSR und Bulgarien. 1981 reiste diese Formation ausschließlich unter dem Signum des Jazz mit großem Erfolg durch die UdSSR.

Prominente Jazzer des Auslandes, die außerhalb der großen Festivals und Konzertreihen (Jazzbühne, Leipziger Jazztage, Internationales Dixielandfestival Dresden, JiK) in der DDR gastierten, waren u.a. das "Duke-Ellington-Orchestra" unter der Leitung seines Sohnes Mercer ELLINGTON, das Orchester von Woody HERMAN, Keith TIPPETT (p) aus Großbritannien, Willi KELLER (dr) aus der BRD, Michael CLIFTON (dr) aus den USA, C. BLEY aus der Schweiz, das "Willem-Breuker-Kollektief" aus Holland im Rahmen der XXVIII. Berliner Festtage, die "Papa-Bues's-Viking-Jazzband" aus Dänemark, Jay OLIVER (b) aus den USA, u.a.m. Eine v o l l s t ä n d i g e Auflistung aller Gäste, Tourneen und Gastspiele ausländischer Jazzmusiker in der DDR sowie von DDR-Jazzern im Ausland (selbst nur die achtziger Jahre betreffend) ist in einem solchen Buch kaum möglich. Dazu K. DRECHSEL :

> "Wollte man die Namen aller jener Musiker und Ensembles ... aufzählen, die aus Anlaß von Tourneen, Einzelkonzerten oder Festivalauftritten ... in der DDR zu Gast weilten, so bedeutet dies ein seitenfüllendes, Hunderte von Namen aller Stilbereiche beinhaltendes Unterfangen."[17]

Allein 1982 waren es z.B. 25 DDR-Tourneen internationaler Jazzensembles und -solisten, die häufig in Kombination mit Solisten aus der DDR durchgeführt wurden.
Mit der zunehmenden internationalen Durchdringung der DDR-Jazzszene war eine permanente Erweiterung des musikalischen Spektrums durch die Aufnahme neuer Impulse, Anregungen, Trends, Tendenzen usw., die sich auf die nationale Entwicklung stimulierend auswirkten, verbunden und festzustellen. Gleichzeitig war mit dieser musikalischen Öffnung nach außen und der so radikalen veränderten Entsendungspolitik der Künstleragentur der Verlust des für den DDR-Jazz der siebziger Jahre so typischen Markenzeichens "Jazz - Made in GDR"

verbunden.
Diese erweiterte musikalische Palette umfaßt die traditionellen Spielformen, den Mainstream, die Fusionsmusik, "Performance-Veranstaltungen" (vielfältige Verbindung des Jazz mit anderen künstlerischen Genres) ebenso wie solch außergewöhnliche Formierungen wie das "Duo für Stimmband und Bambusblatt" (E.-L. PETROWSKY und U. BRÜNING) oder den experimentellen zeitgenössischen Jazz. Davon zeugen solche Veranstaltungsreihen, Konzerte usw. - nachstehende Veranstaltungsreihen und Konzerte seien stellvertretend für eine Vielzahl solcher Art genannt - wie "Kammermusik und Jazz - unvereinbar?" im Rahmen der Reihe "Kammermusik im Gespräch" in der Komischen Oper Berlin (63. Veranstaltung am 4. Dez. 1983 mit Siegfried MATTHUS als Gesprächsleiter), "Kammerjazz-Solobeiträge" - in dieser Reihe spielte z.B. der Jazzpianist U. GUMPERT Werke von Eric SATIE -, das Jazzkonzert mit dem "Hannes-Zerbe-Quintett" und dem "Berliner Blechbläser-Quintett" während der X. Musik Biennale in Berlin (1. Febr. 1985) mit Werken von Ulrich SCHWINN , M. SCHULZE , Paul DESSAU , Ch. IVES , H. EISLER und H. ZERBE oder das Konzert am 28. Juli 1986 im "HdJT" mit D. DIESNER , J. BAUER sowie dem zeitgenössischen Komponisten Nico RICHTER de VROE (v, electronics; Geiger an der Staatsoper Berlin), in dem versucht wurde, konventionelles Instrumentarium mit elektronischem zu konfrontieren bzw. zu verbinden und Jazzelemente mit einzubeziehen.

Die "schmalste Position" in diesem breiten Angebot nimmt in der DDR der Big Band-Jazz[18] ein. Obwohl die führenden Big Bands der DDR - die "Radio Big Band Berlin" unter Leitung von M. HOFFMANN (bis 1981 war es G. GOLLASCH) , die "DTS" unter Leitung von G. HÖRIG und das "Orchester Walter Eichenberg" von Radio DDR/Leipzig - im Ausland bereits bedeutende Erfolge erzielen konnten, z.B. in Warschau (Jazz-Jamboree), Jugoslawien, Österreich, Ungarn (Debrecener Jazztage '81) usw., werden sie oft bei uns mit "banalen Aufgaben"[19] betraut. Dazu Alfons WONNEBERG :

> "Was die Big Bands unseres Landes betrifft, so ist das Sprichwort vom Propheten, der nichts gilt im eigenen Lande, manchmal bittere Wahrheit ... Dabei stapeln sich in den Archiven die Konserven mit den Bonbons der Bands. Gesendet wird jedoch vorrangig das 'Poppige', das 'Durchsichtige', das 'Leutefreundliche', das 'Überschaubare'. Nur selten werden die anspruchsvollen Produktionen auf den Plattenteller gelegt - und das zu Zeiten, da

der brave Fan zumeist 'abruht'."[20]

Die Gründe sind u.a. in einem gewissen Abnutzungseffekt, in einem nachgelassenen Interesse an dieser Großform zu suchen. Außerdem spielen beim Live-Auftritt sicher auch ökonomische Gründe des Veranstalters eine entscheidende Rolle.

Für die achtziger Jahre ist auffällig, daß mit dem Heranwachsen einer neuen Generation von Jazzmusikern in stilistischer Hinsicht vor allem die Entwicklung des Mainstream-Jazz (vor allem die Fusionmusic) evident in Bewegung geraten ist. Sie geht einher mit der Gründung neuer Bands, Workshop- und Ad-hoc-Formationen, die u.a. auf die zahllosen Aktivitäten, Initiativen, auf die musikalische Experimentierfreude sowie die Suche nach neuen Wegen und eigener künstlerischer Artikulation in dem Bereich der "Mitte", vor allem der jüngeren Jazzmusiker zurückzuführen sind. Das liegt sicher darin begründet, daß gerade für die jüngere Generation der Jazzmusiker der Kontakt zum Jazz über den Rock oder die Fusionmusic erfolgte und solche Musiker und Bands wie Herbie HANCOCK , Joe ZAWINUL , Chick COREA , John McLAUGHLIN , "Return To Forever" , das "Mahavishnu Orchestra" , "Weather Report" , "Crusaders" u.a.m. ihre Vorbilder waren (und z.T. noch sind). Hierin dokumentieren sich ebenfalls charakteristische Kriterien für die Jazzszene der achtziger Jahre. Der in diesem Zusammenhang stehende Überblick, der nachstehend gegeben wird, erhebt keinen Anspruch auf Vollständigkeit, sondern beschränkt sich schwerpunktmäßig auf die wichtigsten Jazzformationen und -musiker, die an diesem Prozeß teilhaben und auf den Progreß der Jazzentwicklung in der DDR Einfluß nehmen. Ende der siebziger, Anfang der achtziger Jahre trat eine neue Jazzgeneration in Erscheinung, die in den letzten fünf Jahren in b e d e u t e n d e m Maße die Jazzentwicklung in der DDR, vor allem auch auf dem Gebiet des Mainstreams, beeinflußt und geprägt hat. Folgende Musiker[21] wären u.a. zu nennen: Hermann ANDERS (tb), Marianne BAER (voc), Günter BARTEL (bg, fretless), J. BAUER (tb), Michael BEHM (dr), Jörg BEILFUSS (dr), Detlef BIELKE (keyb), Stanley BLUME (saxes), Angela CHRISTOF (voc), W. DIX (dr), R. DOBBERSCHÜTZ (voc), A. "Keith" DONNER (p, keyb), G. "Charlie" EITNER (g), Michael ESSBACH (ts), Lothar FIEDLER (g), W. FIEDLER (p, keyb, synth), Jürgen FLEMMING (ts), Steffen GAITZSCH (v), Peter GRÖHNING (dr), Carl-Peter GÖHRS (dr), Lothar HARTIG (saxes), Iven HAUSMANN (tb), Jürgen HECKEL (g), Bernd HERCHENBACH (bg), J. HESSE (tp, flh), J. JACOB (voc), Norbert JÄGER (tabla, perc), Thomas JARMATZ (dr),

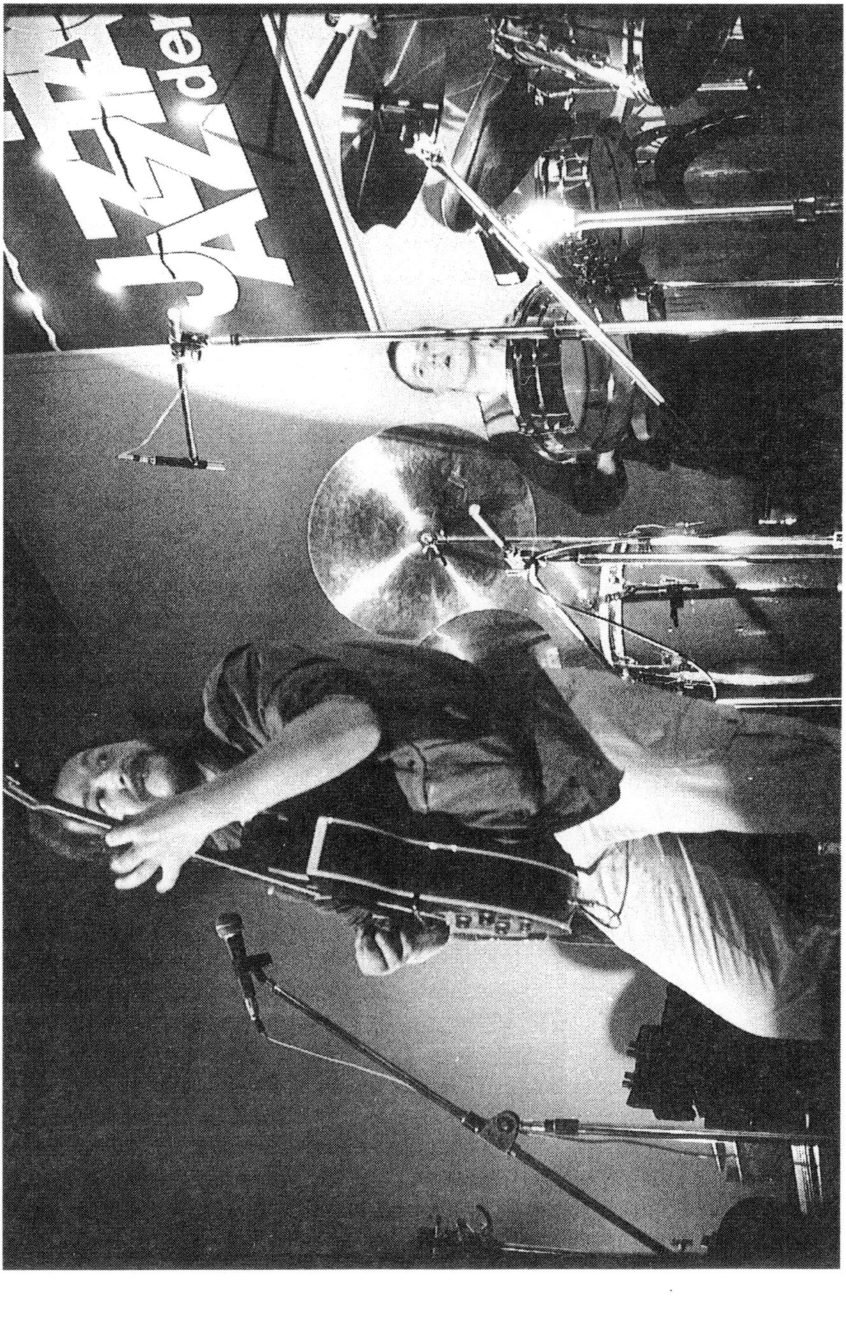
JAZZ
der

Gerhard "Charlie" Eitner (g), Mario Würzebesser (perc)

Th. KLEMM (ts, fl), Uwe KROPINSKI (g), Gerhard KUBACH (b), Thomas KUNERT (g), Matthias KÜHNE (b), Peter KÜHNEL (sitar, g), Hans-Peter LANGE (g), Marcus LUDWIG (flh, tp, p), Udo MACK (dr), Peter MICHAILOW (dr), Thomas MORITZ (b), H. NAEHRING (perc), Frank NICOLOVIUS (keyb), Rolf von NORDENSKJÖLD (saxes, fl), Dietrich PETZOLD (dr, perc), Frank PETZOLD (p), Christian PITTIUS (keyb), Manfred POHL (g), Frank RASCHKE (p, keyb), Steffen REICHELT (dr), Edwin "Eddie" SADOWSKI (g), Jens SALEH (b), Thomas SCHICKE (b), V. SCHLOTT (saxes), Wolfgang SCHMIEDT (g), Reiner SCHOCK (p), René SCHÖNHERR (saxes), Erwin STACHE (dr), Ralf STOLLE (ld), Thorsten TACK (saxes), G. UNGER (g), Henry WALTHER (tb), R. WALTER (p, keyb), P. von WROBLEWSKI (voc), Mario WÜRZEBESSER (dr, perc) u.a.m.

Unter diesen Musikern befinden sich sowohl Absolventen der Musikhochschulen der DDR als auch Autodidakten, die sich aus Enthusiasmus und Liebe zur Musik die notwendigen musikalischen Kenntnisse, Fähigkeiten und Fertigkeiten angeeignet haben. Diese Jazzmusiker formierten sich zu einer Vielzahl von Bands verschiedenster musikalischer und stilistischer Richtungen oder traten als Solisten auf. Ein großer Teil dieser Bands ist relativ beständig. Andere wiederum sind ausgesprochene Ad-hoc-Formationen unterschiedlichster Besetzung (vom Duo über die Combo bis zur Big Band), die sich in permanenter Bewegung befinden. Zu bedeutenden Jazzbands der achtziger Jahre sind in der DDR u.a. zu zählen: Die Gruppe "Bajazzo" (Berliner Amateur Jazz Orchester) gründete sich im September 1978 als Amateurband und wurde im Sommer 1981 eine professionelle Formation, bestehend aus Absolventen der Berliner Musikhochschule, die sich dem Rock-Jazz, Jazz-Rock und Pop-Jazz verschrieben hat. Seit 1984 gehört die Sängering J. JACOB zu dieser Band, die ebenfalls Absolventin der Berliner Musikhochschule ist. Unter Leitung von Th. KLEMM steht die Gruppe "College" aus Berlin. Auch sie besteht aus ehemaligen Studenten der Berliner Musikhochschule und findet sich sporadisch zum gemeinsamen Musizieren zusammen, um modernen Mainstream zu interpretieren. Th. KLEMM war und ist darüber hinaus Mitglied weiterer Formationen wie in der Gruppe "Fusion" , in dem Trio "Splash" (1983), dem Bläserquartett "Fun Horns" (1986) und im "Axel-Donner-Quartett" . Bis 1984 noch dem "Günther-Fischer-Sextett" angehörend, gründete A. DONNER im gleichen Jahr sein Quartett, um eigenen künstlerischen Intentionen nachgehen zu können. Die Musik dieser Band basiert auf den Traditionen des Modern Jazz, vor allem des Hard Bop (J. COLTRANE) und Einflüssen des Latin-Jazz, die insgesamt zu e i g e n e n künstlerischen Produkten verarbeitet werden. Von eben solcher Bedeutung war die Gruppe "Fusion" . 1977 wurde sie von W. FIEDLER als Trio gegründet. Sie spielte rockorientierten Jazz, nahm aber auch andere musikalische Einflüsse auf.

1978 war das Trio Teilnehmer der "Jazzbühne" , 1979 löste es sich auf und wurde 1983 als Sextett wieder neu formiert. Seit 1984 war "Fusion" eine der populärsten Mainstream-Gruppen in der DDR. Unter Leitung von W. FIEDLER gehörten dieser Gruppe u.a. an: I. HAUSMANN , J. HESSE , V. SCHLOTT , Th. KLEMM , J. SALEH , D. BIELKE , W. SCHMIEDT , P. MICHAILOW , M. WÜRZEBESSER , G. EITNER . Weitere Formationen und Gruppen, die Elemente des Jazz, des Rock, Funk, Swing, Modern Jazz und Latin-, freie Spielweisen usw. in ihrer Musik zu einer neuen Synthese fusionieren, sind (waren) u.a.: "Betu" , "Doppelmoppel", "Dunkel-Hell-Lila", "Jazz-Assoziation", das "Uwe Kropinski-Quartett", "Christian-Pittius-Quintett", die Gruppe "Percussion and Strings" mit 3 Perkussions- und 5 Streichinstrumenten, deren wichtigstes Anliegen es ist, europäische artifizielle Musik mit Jazzelementen und asiatischen Musikformen zu verbinden, das "Edwin-Sadowski-Trio und -Quartett" das "Volker-Schlott-Quartett" , das "Sinti Swing Quintett" , das den musikalischen Spuren D. REINHARDTS und Stephane GRAPPELLYS folgt, die "Gruppe Teskoff" , die "Big Band Variation" (Absolventen der Musikhochschule Berlin) mit 4 tp, 4 tb, tu, 4 saxes, fl, Fenderpiano,g, b, perc, dr, 2 voc, insgesamt 24 (!) Musiker, das "Reinhard-Walter-Trio und -Quartett" mit P. von WROBLEWSKI , alle aus Berlin, die Gruppen "DEKA-dance" , "Musikbrigade" und "Yatra" . Anliegen dieser Gruppe ist es, Jazzelemente mit Elementen der indischen Musikkultur zu verbinden, aus Dresden, die Gruppen "Ergo" und "Lessés Collage" aus Erfurt, aus Greiz die Gruppe "Media Nox" , aus Halle "Fata Morgana" , die Gruppen "Black Box" , "Chinchilla" , die "Gustav-Schuster-Combo" und die "Jazzstudio Big Band" aus Leipzig. "Prima Klima" aus Weimar, die Gruppe "Evidence" mit den Musikern D. DIESNER , Carlo INDERHEES (p) und St. HÜBNER . Gruppen, die aus dem traditionellen Bereich hervorgehoben werden sollten, sind u.a.: Die "Engerling-Blues-Band" , die "Jazzoptimisten Sonneberg" und die 1987 altersmäßig jüngste Berliner Dixielandformation (Durchschnittsalter beträgt 18 Jahre), die "Jazz Brothers" .

Eine besondere Erwähnung verdienen die drei Nationalen Jazzorchester der DDR, die nach dem Vorbild des französischen "L'Orchestre National de Jazz" gegründet wurden. Jährlich werden Musiker und Leiter des Orchesters nach dem Rotationsprinzip ausgetauscht. Das erste Orche-

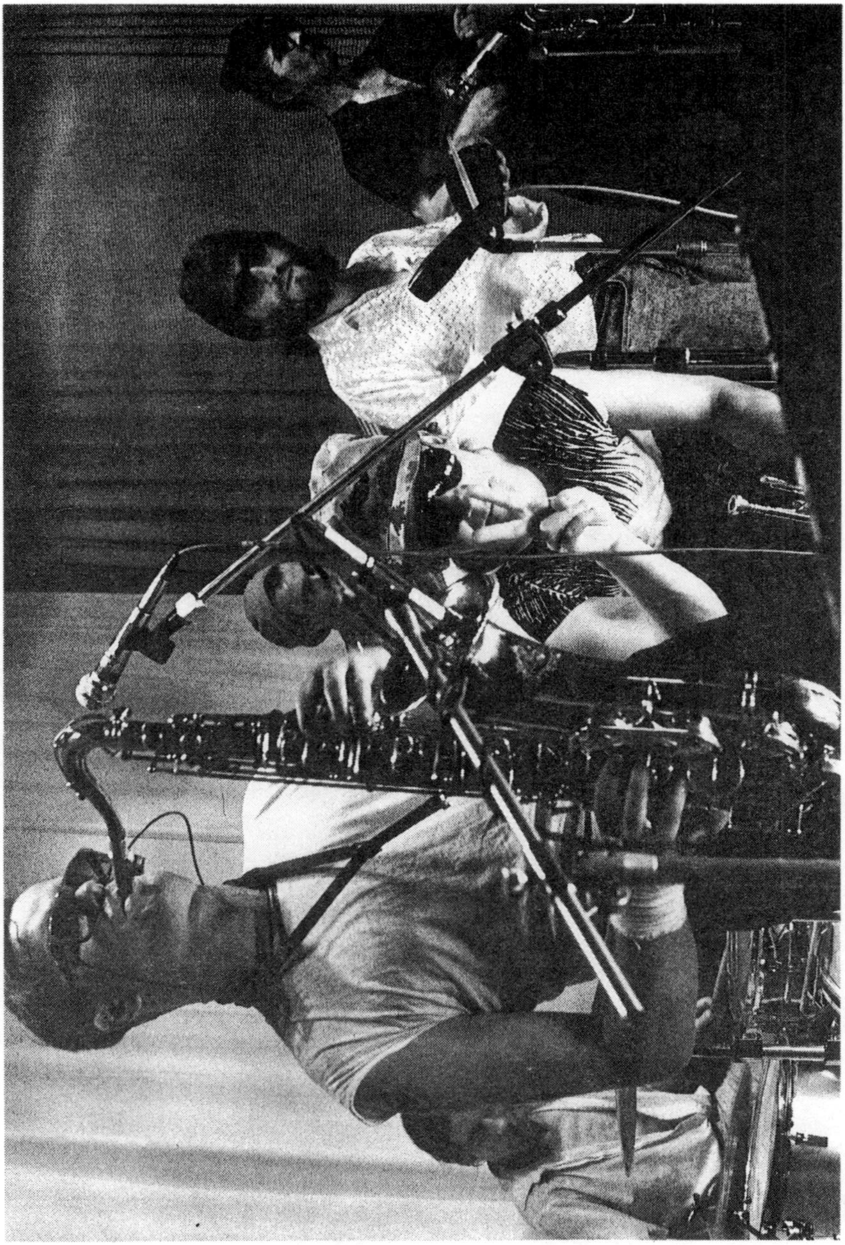

New Phantastic Art Orchestra of North,
hervorgegangen aus DEKA-dance

ster dieser Art hatte seine Premiere am 19.11.1987 im "HdJT" unter der Leitung von C. BAUER . Der Auftritt im "HdJT" war ein großer Erfolg, den dieses Orchester auf einer Tournee durch die BRD und zur "Jazzbühne 88" erneut bestätigen konnte. Das zweite Jazzorchester der DDR präsentierte sich zum 156. Konzert von "Jazz in der Kammer" unter der Regie von Manfred HERING . Die 2. Jazztage der DDR in Weimar waren für G. SOMMER und das 3. Jazzorchester der Rahmen für deren Premiere. Obwohl alle drei Leiter völlig unterschiedliche Konzepte verfolgten, legten die Konzerte ohne Zweifel a l l e Zeugnis vom hohen Niveau des Jazz in der DDR und dem Können seiner Musiker ab.

Im Zusammenhang mit der Nennung und Beschreibung einiger DDR-Jazzformationen in den achtziger Jahren muß nochmals darauf hingewiesen werden, daß kein Anspruch auf Vollständigkeit erhoben werden kann, da im November 1989 in der DDR 214 (!) Jazzbands existierten. Diese Zahlenangabe stützt sich auf den Katalog von Hans-Peter EGLI (Sekretär der ehemaligen Sektion Jazz), "Jazzformationen der DDR", den er anläßlich der 2. Jazztage in Weimar herausgegeben hat. Diese Zahl (214) erfaßt vorwiegend die professionellen Formationen, die Amateurbands sind nur partiell berücksichtigt. Natürlich sind eine Reihe von Musikern oftmals in mehreren Formationen und Gruppen vertreten, zumal es sich häufig um Ad-hoc-Formationen handelt, die nicht ständig zusammenspielen.

Der Aufschwung im Veranstaltungswesen, die Schaffung repräsentativer Jazzpodien (insbesondere hervorzuheben sind nochmals die 1. und 2. Jazztage in Weimar), die wachsende Zahl der Jazzbands und -musiker sowohl im Amateur- als auch im professionellen Bereich, die Tatsache, daß die Jazzszene in der DDR von langjährig erfahrenen Musikern bestimmt wird und die jungen Jazzmusiker ihre Ausbildung z.T. an den Musikhochschulen erhalten, das breite und vielfältige Angebot von Jazzveranstaltungen, die größere Freizügigkeit im internationalen Musikeraustausch, die damit verbundene Erweiterung des musikalischen Spektrums, ein ganzes System von Fördermaßnahmen, der Abbau von Vorurteilen gegenüber dem Jazz usw. - Kriterien, die für die letzen fünfzehn Jahre der DDR-Jazzentwicklung typisch waren -, zeugen von der gewachsenen Verantwortung gegenüber dieser Musik, vom respektablen Stellenwert des Jazz und von seiner Gleichberechtigung im weiten Spektrum der kulturellen Landschaft in der DDR. Ein ungewöhnlicher Entwicklungsprozeß, der nicht ohne Folgen bleiben konnte, die Martin LINZER in sehr treffender Form wie folgt charakterisiert:

"Eine Minderheit, auf einem komplizierten historischen Entwicklungsweg lange Zeit unterprivilegiert, in ihrer künstlerischen Bewegungsfreiheit behindert, durch geschriebene und mehr noch durch ungeschriebene Gesetze eingezäunt, mit Vorurteilen belastet, verliert den Makel der 'Unanständigkeit', der Bastard der Künste wird in den Schoß der Familie aufgenommen, das Aschenputtel in die gute Stube des offiziellen Kunstbetriebes integriert".[22]

Dieser Emanzipationsprozeß von einer "Subkultur" zur offiziell anerkannten Kunstgattung, die seit spätestens Ende der siebziger Jahre organischer Bestandteil der Unterhaltungskunst ist, war einerseits mit existentiellen Krisen verbunden und konstituierte andererseits eine Kreativität, "die aus den Reibungen an den historisch entstandenen Zwängen"[23] bezogen wurde. In den verschiedenen Phasen seiner Historie mußte sich der Jazz in der DDR in Permanenz neues Selbstverständnis erkämpfen. Aus diesen Erfahrungen sind die entsprechenden "Lehren" gezogen worden. Die Gründung der "Sektion Jazz" beim Komitee für Unterhaltungskunst im September 1984, die Jazztage der DDR in Weimar, die Gründung von drei Nationalen Jazzorchestern, die staatliche Stützung anderer Projekte, von Tourneen, die erweiterten Reisemöglichkeiten Ende der achtziger Jahre für Jazzmusiker usw. usw. stellen das unter Beweis. Darauf aufbauend und auf der Grundlage einer klaren Bestandsaufnahme, öffentlicher Diskussionen, die immer wieder geführt wurden, die Einbeziehung von Jazzmusikern, -publizisten u.a. in diesen Prozeß - indem Verantwortung in eigener Sache übertragen wurde -, kam es zu wichtigen Schlußfolgerungen und damit verbunden, zur weiteren Förderung des Jazz in der DDR bis Ende der achtziger Jahre.

Jazzforschung und -Publizistik, der Jazz und die Medien in der DDR

Das erste Institut für Jazzforschung war das 1952 von M. STEARNS gegründete "Institute for Jazz Research" an der Rutgers University in New Brunswick. Die erste Veröffentlichung dieser Einrichtung, das "Journal for Jazz Studies" (erscheint zweimal jährlich), erschien 1973.
1965 wurde an der "Grazer Akademie für Musik und angewandte Kunst" ein Institut für Jazzforschung eingerichtet und 1969 die "Internationale Gesellschaft für Jazzforschung" ins Leben gerufen, die jährlich einen Sammelband mit Rezensionen, Neuerscheinungen und Forschungsergebnissen veröffentlicht. Darüber hinaus gibt es im internationalen Maßstab weitere zahlreiche Aktivitäten, Initiativen, Publikationen wissenschaftlicher und populärwissenschaftlicher Art.
Ende der sechziger, Anfang der siebziger Jahre taucht erstmals der Begriff Jazzforschung bzw. -wissenschaft auf. Die Berechtigung dieser Termini dürfte in unserer Zeit wohl unumstritten sein.

Diese Fakten, der Entwicklungsstand der DDR-Musikkultur in den achtziger Jahren und die daraus resultierende Notwendigkeit, daß sich die Musikwissenschaft in der DDR auch mit jenen Formen musikalischer Praxis auseinanderzusetzen hatte, die sie "in der Vergangenheit nur zu gern sich selbst oder aber einem militanten Praktizismus überließ",[1] ließ die Forderung nach einer qualifizierten Forschung und Medienpolitik notwendiger und berechtigter erscheinen denn je.

Obwohl es in der DDR schon zu Beginn der fünfziger Jahre die ersten kritischen Auseinandersetzungen mit und um den Jazz gab und bisher bereits einige jazztheoretischen Schriften verfaßt und publiziert wurden, muß man konstatieren, will man den Standort der Jazzforschung in der DDR bestimmen, daß der Jazz eine von der Forschung relativ vernachlässigte Musizierpraxis war und ist, sieht man von einigen Diplom-, Abschluß- und Fachschularbeiten ab.
Die Rolle und Bedeutung der Medien bei der Vermittlung und Popularisierung von Jazzmusik in der DDR ist sehr differenziert zu bewerten.

Vor allem der Rundfunk der DDR hat sich hinsichtlich seiner Sendetätigkeit, seiner Funktion als Produzent und Veranstalter in Sachen Jazz unbestreitbare Verdienste erworben und nimmt in der medialen Vermittlung von Jazz seit Jahrzehnten sowohl quantitativ als auch qualitativ die führende Rolle ein, dank des Engagements einiger interessierter Mitarbeiter. Damit leistete er einen nicht zu unterschätzenden Beitrag zur Aufwertung der gesamten Jazzszene der DDR, zur Profilierung und Förderung von Jazzmusikern, zur Erweiterung des Kreises der Sachkundigen und zur Weiterentwicklung der ästhetischen Urteilsfähigkeit der Hörer. Einige Sendereihen, Studioproduktionen, Aufzeichnungen nationaler und internationaler Veranstaltungen, Übernahme internationler Jazzfestivalproduktionen, Organisation eigener Konzertreihen und Festivals sind in diesem Zusammenhang erwähnenswert. Ende der siebziger Jahre strahlten z.B. die Rundfunksender der DDR pro Woche 2 Stunden und 45 Minuten Jazzmusik aus.[2] In den achtziger Jahren waren die Sendezeiten der Sender Radio DDR I und II, Berliner Rundfunk, Stimme der DDR und Jugendradio DT 64 auf eine Sendezeit von durchschnittlich 4 Stunden und 45 Minuten pro Woche angewachsen, die sich auf etwa 7 Sendungen pro Woche verteilen.

Im Rahmen dieser Sendezeiten war der Rundfunk stets um ein ausgewogenes Verhältnis von Anteilen der nationalen und internationalen Szene bemüht, historische Gesichtspunkte und zeitgenössische Tendenzen gleichermaßen berücksichtigend. Das Angebot reichte vom Dixieland über den Mainstream bis hin zum Free Jazz und anderen avantgardistischen Strömungen improvisierter Musik. Jeder Sender hatte dabei bestimmte Standardsendungen und feste Sendezeiten. Unter anderem gab es folgende Sendungen: "Die Jazzbox", "Das Jazzpanorama", "DT 64-Jazz", "Im Dixieland", "Jazz", "Jazz nach zehn", "Dixieland im Konzert", "Blues - Rock - Jazz", "Modern Jazz", "Mitternachtsblues". Hinzu kommen Liveübertragungen, z.B. von der "Jazzbühne Berlin" oder dem "Dresdener Dixielandfestival", sowie Sendungen, die den Jazz tangieren wie "Kontraste - Kontakte", "Lied und Rock", "Jazz und Pop", "Von Folk bis Rock", "Zwischen Chanson und Jazz" (die beiden letzteren im Rahmen der Sendung "Die moderne Note")[3]. Leider erlaubten es die z.T. späten Sendezeiten breiten potentiellen Hörerschichten nicht, an diesen Sendungen zu partizipieren. Dadurch wurde ein großer Teil der "Zielgruppe 'Jazz'" nicht erreicht, an ihr regelrecht "vorbeigesendet". Aber nicht nur die Verbreitung und Popularisierung, sondern auch die eigene Produktion mit professionellen und Amateurjazzmusikern, speziellen Studio- und Werkstattensembles sind bedeutsam, z.B. die Produktionen mit dem "Jazz-Ensemble Studio IV". Dazu zählen aber auch die Aufarbeitung und Dokumentation der DDR-Jazzszene, Konzertmitschnitte kleinerer Art (nicht nur zur "Jazzbühne", zu den "Weimarer Jazztagen" oder zum "Dixielandfestival" in Dresden), die oft den An-

stoß zu speziellen Studioproduktionen gaben und diese wiederum z.T. für Schallplattenproduktionen genutzt werden konnten.
Im Gegensatz dazu stand das Fernsehen der DDR. Es hatte "kein erkennbares eigenes Konzept zur Dokumentation und Popularisierung des Jazz in der DDR"[4] und sendete (zu recht publikumsunfreundlichen Zeiten) z.B. 1978 in 26 Sendungen ganze 4 Stunden und 10 Minuten Jazz im Jahr. Diese Sendungen gliederten sich wie folgt auf: Etwa 50 % Dixieland, 34 % DDR-Gastspiele internationaler Formationen, 16 % Internationaler Programmaustausch, Kurzberichte, -filme usw.[5] Eigene Produktionen bzw. Sendungen des Fernsehens der DDR, die unter dem Aspekt der Präsentation, und somit der Förderung des DDR-Jazz und der Jazzmusiker dienend, ausgestrahlt wurden, gab es zu dieser Zeit überhaupt nicht. Obwohl im Verlaufe der achtziger Jahre das Sendevolumen und die Sendungen inhaltlich erweitert wurden und Bemühungen um aktuelle Berichterstattungen zu erkennen sind - zu erwähnen wären hier vor allem die zahlreichen Jazzbühne-Sendungen -, können diese Ergebnisse nicht zufriedenstellen.

In den siebziger Jahren bemühte sich auch AMIGA um die Aufarbeitung des traditionellen und modernen Jazzrepertoires internationaler Prägung. An dieser Stelle sei die Jazz-Reihe von AMIGA erwähnt, die bisher auf über 200 Langspielplatten einen großen Teil wichtiger in- und ausländischer Jazzmusiker vorstellte.
A b e r : "Geht man davon aus, daß die Schallplatte die doppelte Funktion hat, einmal aktuelle Künstler und Gruppen zu popularisieren und deren Live-Auftritte sozusagen 'propagandistisch' zu flankieren, zum anderen künstlerische Entwicklungen eines Genres als nationales Kulturgut (auch für die Nachwelt) zu dokumentieren, muß die Arbeit von AMIGA längerfristig betrachtet als zufallbestimmt, konzeptionslos und einseitig orientiert eingeschätzt werden. Eine Geschichte des DDR-Jazz wäre mit AMIGA-Editionen nur lückenhaft und verzerrt wiederzugeben!"[6] Hinzu kommt daß häufig ökonomische Interessen vor künstlerischen den Vorrang hatten.

Von 1986 bis 1988 produzierte AMIGA auf dem Gebiet "Jazz, Blues und Dixieland" 50 Langspielplatten. 27 davon (a l l e Genres) mit Jazz aus der DDR. Die führenden Jazzmusiker der DDR, die den Jazz im Lande mit geprägt und ihm zu internationalem Ansehen verholfen hatten, waren dabei völlig unterpräsentiert. 16 Schallplatten sind internationale Lizenzübernahmen (davon allein 10! Bluesplatten). Die restlichen 7 Scheiben sind Produktionen mit internationalen Jazzbands, z.T. Mitschnitte von der "Jazzbühne Berlin" und dem "Dixielandfestival" in Dresden.

"Als unseriös anzusehen ist darüber hinaus die Praxis, ohne Wissen der Musiker Nachauflagen auf den Markt zu bringen, deren Produktionsdatum z.T. länger als 10 Jahre zurückliegt. Bei kritischem Überblick der Platten mit DDR-Musikern fällt eine gewisse Einseitigkeit auf, ein Trend zum modisch Gefälligen und ökonomisch Sicheren, auch die Bevorzugung von 'Lieblingskindern', was darauf deutet, daß AMIGA-Mitarbeiter persönlichen Geschmack und kulturpolitische Verantwortung nicht trennen, ihre staatlich sanktionierte Monopolstellung einseitig gebrauchen."[7]

Sollte AMIGA weiterhin produzieren, wäre es wohl unumgänglich, daß dieses Label seine Editionspolitik in Sachen Jazz einer kritischen Analyse unterziehen müßte, unter Berücksichtigung der daraus resultierenden Veränderungen und Ergebnisse.

Die Jazzpräsentation in den Printmedien der DDR ist bis zum gegenwärtigen Zeitpunkt (Anfang des Jahres 1990) vergleichsweise mit internationalen Gepflogenheiten als völlig unzureichend einzuschätzen. In den Tageszeitungen erscheinen Berichte, Rezensionen und andere Beiträge nur sporadisch. Ihre Quantität und Qualität sind dabei vom Angebot der Autoren und ihrer eigenen Qualifikation sowie vom Interesse des jeweiligen Kulturredakteurs der Zeitung abhängig. Die Jazzpublizistik, -kritik und -journalistik in der DDR fristete im Vergleich zur sogenannten "E"- und "Pop-Musik" ein Schattendasein. Das liegt u.a. darin begründet, daß die Anzahl spezialisierter Autoren äußerst gering und das Interesse der Zeitungsredaktionen nicht immer gerade sehr groß ist und war. Ähnlich verhielt es sich auch bei Wochen- und Monatszeitschriften, Jugend- und anderen Magazinen. Eine rühmliche Ausnahme vielleicht, der "Sonntag" und die "Wochenpost". Die Fachzeitschriften "Unterhaltungskunst" und "Melodie & Rhythmus" veröffentlichen zwar Fortsetzungsreihen u.a. auch über die Jazzentwicklung in der DDR (K. DRECHSEL und Herbert FLÜGGE) und internationale Trends, ließen dabei aber Kontinuität und ein bestimmtes Konzept vermissen. In gewissem Maße, aber doch sehr sporadisch, ließ auch die Fachzeitschrift "Musik und Gesellschaft" gegenüber dem Jazz und seinem Umfeld eine gewisse Hinwendung erkennen.

Allerdings stellen eben diese Zeitschriften nicht in jedem Fall einen geeigneten Rahmen für Jazzpublikationen dar, befinden sich die Veröffentlichungen in quantitativer, oft auch qualitativer Hinsicht im Widerspruch zum Informationsbedürfnis der Rezipienten und zur progressiven Entwicklung, die der Jazz in den letzten fünfzehn Jahren in der DDR genommen hat. Ein ja z z s p e z i f i s c h e s Publikationsorgan aber hat es in der DDR nie gegeben!

Um so höher sind die Bemühungen der Jazzklubs in Berlin, Leipzig und Magdeburg einzuschätzen, die ein eigenes Publikationsorgan (besser gesagt: Mitteilungsblätter) vertrieben (z. B. das "Berliner Jazzblatt" oder "jazzreport", Leipzig). Im wesentlichen von Amateuren betrieben, zeichnen sich die Beiträge durch eine relativ gute Qualität aus.

Das Angebot an Jazz-Fachbüchern ist ebenfalls als spärlich zu bezeichnen. 1966 veröffentlichte Andre ASRIEL sein Buch "Jazz, Analysen und Aspekte", Verlag VEB Lied der Zeit, Berlin. Es war die e r s t e zusammenhängende Darstellung über den Jazz, die in der DDR erschien. Nach der zweiten und dritten Auflage, 1977 und 1980, erschien 1985 beim gleichen Verlag eine erweiterte und nochmals überarbeitete Auflage dieses Buches. Es präsentiert sich in neuer Typographie und neuem Layout, beschreibt die Entstehung und Entwicklung des Jazz, klärt Begriffe und erläutert die gesellschaftlichen Wurzeln dieser Musik. Neu aufgenommen wurde ein Kapitel über den Jazz der siebziger Jahre: Fusion und Creative. Alle Ausführungen beschränken sich allerdings auf die Jazzentwicklung in den USA. Karlheinz DRECHSEL (Text) und Siegurd ROSENHAIN (Fotografie) veröffentlichten 1974 den Fotobildband "Fascination Jazz", VEB Lied der Zeit, Berlin, mit einem deskriptiven Textteil über die Jazzentwicklung in der DDR in den fünfziger und sechziger Jahren. Ein weiterer Fotobildband von K. DRECHSEL (Text) und Otto SILL (Fotografie) erschien 1983, "Jazzobjektiv", VEB Lied der Zeit, Berlin, der in ähnlicher Weise die siebziger und den Beginn der achtziger Jahre abhandelt.

Otto SILL verstarb Anfang des Jahres 1985, kurz nach Vollendung seines 77. Lebensjahres. Er war der bisher wohl bedeutendste Jazzfotograf der DDR. Von 1933 bis 1935 war er Mitglied (cl, ts) des berühmten "James-Kok-Tanzorchesters" (mit jazzidiomatischem Spielgestus) sowie im Nachfolgeorchester unter Leitung von Eberhard BAUSCHKE. Nach dem 2. Weltkrieg war er Geiger im "Großen Tanzstreichorchester" unter Leitung von Adalbert LUTTER. Selbst also Jazz- und Tanzmusiker, Jazzliebhaber und -kenner, wußte er, worauf es bei der Jazzfotografie ankommt. O. SILLS Fotografien, die in zahlreichen Büchern, Zeitschriften, Publikationen und auf Fotoausstellungen erschienen und zu sehen waren, legen Zeugnis seines großen Könnens ab.

Eine Bereicherung für die in der DDR erschienene Jazzliteratur war zweifellos die zweibändige Lizenzausgabe des "Jazzführers", Edition Peters, Leipzig 1980, von Carlo BOHLÄNDER und Karl-Heinz HOLLER. Obwohl der "Jazzführer" mit seinen fast zweitausend Biographien und umfangreichen Sachdarstellungen recht informativ ist, wurden in den Ausführungen die siebziger Jahre nicht berücksichtigt, und der für die DDR-Ausgabe von Gottfried SCHMIEDEL verfaßte Teil ist lückenhaft.

Theo LEHMANN, Theologe und Jazzpublizist, ist der Verfasser einer Anzahl bemerkenswerter Jazzpublikationen, z. B. des Buches "Blues & Trouble", in der 3. Auflage 1981 im Berliner Musikverlag VEB Lied der Zeit erschienen, das als Standardwerk der Bluesgeschichte genannt werden kann.

Das Interesse der Jazzkritik verlagerte sich mit der Entstehung einer eigenen Jazzszene in der DDR zunehmend in diese Richtung. Bert NOGLIK und Heinz-Jürgen LINDNER verfaßten "Jazz im Gespräch", Verlag Neue Musik, Berlin 1980. Dieses Buch trägt durch eine Bestandsaufnahme - gewählt wurde die Form des Gesprächs - dem Fakt der Herausbildung einer eigenständigen Jazzszene in der DDR Rechnung. Ein Jahr später erschien von B. NOGLIK das Buch "Jazzwerkstatt International", Verlag Neue Musik, Berlin 1981, das, ebenfalls das Gespräch (mit 26 internationalen bedeutenden Jazzmusikern) wählend, Materialien, Überlegungen und Meinungen, den e u r o p ä i s c h e n zeitgenössischen Jazz betreffend, zusammenträgt. Peter WICKE und Wieland ZIEGENRÜCKER verfaßten das "Handbuch der populären Musik", das 1985 beim VEB Deutscher Verlag für Musik, Leipzig, erschienen ist. Dieses Buch trägt dem auf diesem Gebiet immens gewachsenen Informationsbedürfnis in der DDR Rechnung und fand auch internationale Anerkennung und Beachtung. Auf einer gut durchdachten, wissenschaftlich abgesicherten Konzeption basierend, dient es sowohl Laien als auch Spezialisten als wertvolle Informationsquelle. Es vermittelt anhand einer Vielzahl von Artikeln ein komplexes Bild populärer Musikformen wie Rock, Pop, Jazz und Folk. Außerdem erschienen noch Publikationen von Louis ARMSTRONG, Alfons M. DAUER und Jens GERLACH. Die genannten Publikationen trugen zu einem gewissen Teil dazu bei, einem relativ breitem Lesepublikum einzelne Aspekte des Jazz nahezubringen und das Verständnis für diese Musik zu vertiefen. Ungeachtet dieser Leistungen verbleiben Lücken, die zunehmend spürbarer werden und von der Musikwissenschaft in allernächster Zeit geschlossen werden sollten. Dazu gehörte das Fehlen einer Geschichte des Jazz in der DDR. Vorliegendes Buch hat den Versuch unternommen, die mit diesem Problem zusammenhängenden Fragestellungen aufzugreifen, obwohl sich der Verfasser durchaus bewußt ist, daß dies keinesfalls in seiner Totalität abgehandelt werden konnte.

DAS JAZZPUBLIKUM UND DIE -MUSIKER IN DER DDR

Ende der siebziger, Anfang der achtziger Jahre ergaben Erhebungen, daß 5 % der Rundfunkhörer aktiv und regelmäßig Jazz hören.[1] Andere Befragungen in den Bezirken Dresden, Erfurt, Halle und Rostock (zur gleichen Zeit) hatten zum Ergebnis, daß sich 7,9 % von den befragten Erwachsenen und 16,2 % von den befragten Schülern und Studenten für den Jazz aussprachen. In einer anderen Studie spezifizierte das "Zentralinstitut für Jugendforschung Leipzig" das musikalische Interesse jüngerer Leute und ermittelte, daß sich 19,0 % der Befragten für den Jazz entschieden.[2] Untersuchungsergebnisse, die in jüngster Vergangenheit (1987/88) zu dieser Problematik vorliegen, sind der Öffentlichkeit nie zugänglich gemacht worden. Dem Autor des Buches wurde z. B. ebenfalls nicht erlaubt, Recherchen zu diesen Fragen für seine Dissertationsschrift anzustellen. Die Sicherheitsbehörden ließen seinen Antrag auf eine solche Befragung einfach unbeantwortet, trotz mehrerer Nachfragen.

Allein dieser Fakt, die einerseits relativ großzügige Subventionierung und Förderung verschiedener Kultur- und Kunstprojekte, und die andererseits absolute Überwachung kultureller Prozesse durch die Sicherheitsorgane, die daraus resultierenden Repressalien und Einschränkungen sind (waren) typisch für die Kulturszene des "real existierenden Sozialismus". Aus dieser Konstellation heraus entstanden, konfrontiert mit dem Problem "Selbstzensur" bzw. der Haltung "Trotz alledem!", vielfältige, originelle, bemerkens- aber auch erhaltenswerte künstlerische Intentionen und "Produkte".

Aufgrund genannter Tatsachen ist das Jazzpublikum der DDR eine nur schwer bestimmbare und beschreibbare "Größe": "Zu behaupten, es sei ein überwiegend junges Publikum, besagt wenig; zu behaupten, es sei ein überwiegend intellektuelles (Studenten), bleibt spekulativ. Als relativ gesichert kann gelten, daß das Publikum von Oldtime-Veranstaltungen (in stärkerem Maße auch ältere Jahrgänge erfassend, die mit dieser Musik groß geworden sind) sich vom Publikum von Veranstaltungen mit zeitgenössischen Formen des Jazz/der improvisierten Musik unterscheidet, sich letzteres wohl auch schneller regeneriert.
Bleibt festzuhalten, daß das Jazzleben sich mehr oder weniger direkt aus den Bedürfnissen von Gruppierungen jazzinteressierter Hörer entwickelt, liegt es doch an deren Aktivitäten und an der Unterstützung

durch staatliche und gesellschaftliche Kräfte, inwieweit durch diese Aktivitäten auch neue Bedürfnisse geweckt und entwickelt, neue Publikumsschichten erreicht werden".[3] So die Meinung der Verfasser der "Generalanalyse Jazz" vom Oktober 1988. Dem sollen einige eigene Gedanken, Beobachtungen und Erfahrungen des Autors hinzugefügt werden, die die historische Entwicklung von 1945 bis in die Gegenwart berücksichtigen.

Nach Beendigung des 2. Weltkrieges kam der Jazz vor allem in Form des Swing nach Europa. Er fand durch die Stationierung amerikanischer Soldaten auf dem Territorium der ehemaligen westlichen Besatzungszonen in Deutschland und durch die Tatsache, daß er sehr gut tanzbar war, eine rasche Verbreitung sowie eine große Zahl von Anhängern, obwohl sich ein großer Teil der Hörer sicher gar nicht bewußt war, daß es sich bei dieser Tanzmusik um eine besondere Form des Jazz handelte. Besonderer Beliebtheit erfreute sich der Swing-Sound Glenn MILLERS, der von vielen Big Bands und Tanzorchestern - auch in der ehemaligen sowjetischen Besatzungszone und später in der DDR - nachgespielt wurde und ein begeistertes Publikum fand. Völlig anders wurden die Formen des Old Time- und Modern Jazz aufgenommen, zumal sie unmittelbar nach dem Krieg fast ausschließlich nur Liebhabern, Musikern und einigen "Insidern" bekannt waren.

Anfang der fünfziger Jahre ließ allerdings das Interesse am Swing nach, und eine zunehmende Hinwendung zum Dixieland wurde im internationalen Maßstab erkennbar. Auch in der DDR war dieser Entwicklungsabschnitt der Jazzgeschichte entscheidend von diesen internationalen Trends des traditionellen Jazz geprägt. Das hatte die verschiedensten Gründe. In den fünfziger Jahren kam es zu einem Dixieland-Revival[4], das von Großbritannien und von Musikern wie Chris BARBER, Ken COLYER, Monty SUNSHINE, Mr. ACKER BILK und Kenny BALL ausging und ganz Europa erfaßte. Seine größte Publikumswirksamkeit erlangte es in den sechziger Jahren. Unter der Einwirkung dieser "Dixieland-Welle" entstand auch in der DDR eine ganze Anzahl von Dixielandbands. Diese Art des Musizierens setzte vor allem und gerade bei "Amateuren eine durch das Wesen der Jazzmusik bedingte individuelle Schöpferkraft frei, von der sich Musiker und Zuhörer gleichermaßen inspiriert fühlten".[5] Besondere Resonanz fand der Dixieland bei einem Publikum, das sich sozial vorwiegend aus Intellektuellen, Schülern, Studenten, jungen Akademikern usw. zusammensetzte. In diesen Kreisen mögen elitäres Denken und Protestverhalten eine Rolle gespielt haben, aber sicherlich auch eine bewußte "Abwendung dieser Jugendlichen von der Banalität des Tagesschlagers und des Rock'n Roll. Im Jazz entdeckten sie eine anspruchsvollere, vitalere, 'alternative' Musizierweise".[6] Darüber hinaus gab es in diesem Umfeld eine relativ große Zahl Jugendlicher, die über eine solide musikalische Ausbildung verfügten, die der Gründung von Amateurbands besonders entgegenkam, in denen sie ihre Bedürfnisse nach künstlerischer Kreativität und eigener musikalischer Betätigung befriedigen konnten. Der Dixieland ist daher, d. h. durch seine musikalische Matrix, ganz besonders in der Lage, sowohl den Musikern als auch den Zuhörern ein Gefühl der Zusammengehörigkeit und Gemeinsamkeit zu vermitteln. Das hatte zur Folge, daß sich in diesem Umfeld "Gleichgesinnte" mit z. T. oppositionellen Haltungen der Gesellschaft und dem Staat gegenüber konzentrierten. Aus diesen Gründen konnte zu dieser Zeit von einer kulturpolitischen Förderung des Jazz und der -musiker in der DDR oder gar von einer Integration in die Unterhaltungskunst kaum die Rede sein. Das belegt folgendes Zitat aus den Thesen der Kulturkonferenz der SED von 1957:

"Unsere Bevölkerung hat das Recht auf eine saubere, vielfältige und lebensvolle Tanz- und Unterhaltungsmusik. Der Kampf gegen alle dekadenten Erscheinungen, gegen imperialistische Einflüsse, insbesondere auf dem Gebiet der Tanz- und Unterhaltungsmusik ist mit aller Entschiedenheit zu führen."[7]

Daß der Jazz in diesen Thesen überhaupt nicht genannt wird, ist typisch und Ausdruck dafür, daß er in den fünfziger Jahren im Kulturleben der DDR keine nennenswerte Rolle spielte.

Trotzdem wurde dem Dixieland weit mehr kulturpolitische "Toleranz" entgegengebracht als das vergleichsweise mit den Stilen des Modern Jazz der Fall war. Der Dixieland gehörte zu den traditionellen Jazzstilen und fußte von seiner Historie her auf einer volkstümlichen Ebene, was dem damaligen kulturpolitischen Konzept letztendlich viel näher stand als die intellektualisierte Ebene des Bebop oder Cool Jazz. Den ungewohnten Klängen und komplizierten Formen des Modern Jazz begegnete man mit Skepsis und Mißtrauen. Hinzu kam, daß der Modern Jazz und seine Vertreter immer noch von dem Nimbus des Outsidertums, des Individualismus und Snobismus umgeben waren, was der Ablehnung dieser Musik als Ausdruck des "Amerikanismus" Vorschub leistete. Eine weitere Ursache für das tolerantere Verhalten gegenüber dem Dixieland ist darin zu suchen, daß er ausschließlich von Amateuren ausgeübt wurde (und wird). Dadurch wurde einer damals noch unerwünschten Professionalisierung im Jazz aus dem Wege gegangen, obwohl sicher auch viele Amateure und große Teile des Publikums erkannten, daß hier eine Einengung vorlag, die nicht für immer so bleiben konnte. Aus den genannten Faktoren ist eine für die fünfziger und sechziger Jahre typische Tendenz (mitunter sogar der bewußte Versuch) ablesbar, den Jazz auf eine mehr oder weniger "ungefährliche" Ebene "abzudrängen". Dieser komplizierte historische Entwicklungsweg, der mit existentiellen Krisen des Jazz und dem Kampf um Selbstverständnis verbunden war, auf dem das Jazzpublikum und die -musiker "lange Zeit unterprivilegiert, in ihrer künstlerischen Bewegungsfreiheit behindert, durch geschriebene und mehr noch durch ungeschriebene Gesetze eingezäunt, mit Vorurteilen belastet"[8] waren, begann Ende der sechziger Jahre eine qualitativ neue und der Jazzentwicklung in der DDR dienliche Richtung einzuschlagen.

In der ersten Hälfte der siebziger Jahre wurde auch der Jazz in der DDR durch die sich international Geltung verschaffenden Free Jazz-Einflüsse geprägt. Diese Entwicklung und die damit im Zusammenhang stehende Problematik der Wandlungen, die sich nicht nur in stilistischer Hinsicht vollzogen, blieben nicht ohne Folgen und Wirkung für das Jazzpublikum. Das warf für diesen Abschnitt der Jazzgeschichte der DDR (siebziger und achtziger Jahre) eine Reihe n e u e r Fragen auf. Bei näherer Betrachtung lassen sie erkennen, daß die Problematik "Jazz und sein Publikum" ein "Generalthema" ist, das in einem solchen Buch in seiner Totalität nicht abgehandelt werden kann. Deshalb geht es hier nicht vordergründig um demographische Beschreibungen oder gar soziale Studien, sondern vielmehr um die schwerpunktmäßige Darstellung bzw. Beschreibung der Publikumsentwicklung der siebziger und achtziger Jahre, die mit der Funktions- und Wirkungsweise von Jazz in der DDR im Zusammenhang stehen, um die Verdeutlichung von Veränderungen, die sich in dieser Hinsicht gegenüber den fünfziger und sechziger Jahren vollzogen haben.

Stellt man den Jazz vergleichsweise der Rock- und Popmusik gegenüber, weist der Jazz eine relativ geringere Popularität auf, erscheint er auf den ersten Blick als Alternativmusik einer Minderheit. Trotzdem ist festzustellen, daß das Jazzpublikum in der DDR während der letzten fünfzehn Jahre quantitativ angewachsen ist. Innerhalb dieses Publikums bestehen allerdings wesentliche graduelle Unterschiede. Sie konstituieren sich einerseits aus den stilistischen Differenzierungen. Andererseits spielten in diesem Prozeß der Publikumsdifferenzierung die Medien, der Jazzjournalismus, das weite Feld der Musikausbildung und -erziehung sowie die Wandlungen, die sich auf dem Gebiet staatlicher Kulturpolitik gegenüber dem Jazz seit Beginn der siebziger Jahre vollzogen hatten, eine wesentliche Rolle.

Die größte Popularität besitzen und besaßen in der DDR nach wie vor die traditionellen Spielformen des Jazz vom Dixieland bis zum Swing. Das mag u.a. damit zusammenhängen, daß vor allem der Dixieland über einen langen Zeitraum hinweg (teilweise noch heute) dem Massenpublikum - und das nicht nur in der DDR - als "d e r J a z z" "verkauft" wurde. Die traditionellen Spielformen des Jazz erreichen nicht nur zahlenmäßig die größte Hörerschaft, sondern auch nahezu alle Altersstufen. Das beweisen z. B. solche Veranstaltungen wie "Dixieland-ABC", "Mit Triangel und Klapperholz"[9] oder das "Internationale Dixielandfestival", das jährlich seit 1971 vom Rundfunksender "Stimme der DDR" in Dresden durchgeführt wird. Bisher beteiligten sich daran weit mehr als 150 Amateurjazzbands aus vielen Ländern Europas, Westberlin, den USA und der DDR. Im Durchschnitt wurden zu jeder Veranstaltung 30.000 Zuhörer gezählt. 1980, zum 10. Jubiläumsfestival, waren es 80.000 Zuhörer. Durch die vitale und unbeschwerte Musizierweise, die den traditionellen Spielformen des Jazz eigen ist, die sich auch sehr schnell auf das Publikum überträgt und zum "Mitmachen" animiert, gehören sie zu den leicht rezipierbaren Stilrichtungen des Jazz. Daraus lassen sich wesentliche Funktions- und Wirkungsweisen des Jazz (nicht nur auf diese Stilrichtungen des Jazz zutreffend) erkennen, eine Unterhaltungs-, Genuß- und Entspannungsfunktion, eine musikalische Bildungsfunktion im Sinne der Erweiterung der eigenen musikalischen Erlebnisfähigkeit und Erfahrungswerte. Hierin offenbart sich ein weiterer Grundzug der musikalischen Matrix des Jazz, sein "Hic et nunc"-Charakter. Während die ästhetisch signifiante Klanggestalt von Rock- und Popmusik erst im technischen Produktions- und Reproduktionsprozeß realisiert wird, ist Jazz dadurch nur bedingt vermittelbar. Live-Erlebnisse können zwar durch die Medien aktualisiert, aber nicht ersetzt werden, d. h., wer n u r über das reproduktive Medium zum Jazz kommt, aber die entscheidende Erlebnisqualität nicht s e l b s t erfährt, wird sich kaum zu einem w i r k l i c h e n Anhänger dieser Musik entwickeln können.

Obwohl den retrospektiven Spielarten - vorwiegend von Amateuren, oft mit Leidenschaft sowie stilistischer und künstlerischer Perfektion interpretiert - auch weiterhin in der "Musiklandschaft" ein fester Platz garantiert sein wird, kommt allerdings in der Gesamtheit der stilistischen Vielfalt dem zeitgenössischen Jazz die dominierende Bedeutung zu. Das liegt darin begründet, daß im zeitgenössischen Jazz nicht das historische Moment überwiegt, sondern progressive Veränderungen, Entwicklungen, Tendenzen und Aspekte, die wegweisend sind und in der aktuellen Szene sowohl musikalisch als auch verbal diskutiert werden, im Vordergrund stehen. In diesem Zusammenhang ist festzustellen, "daß zwischen dem in seinen historischen Formen festgeschriebenen Old Time Jazz und dem in vielen Richtungen strebenden zeitgenössischen Jazz kaum noch musikalische Berührungspunkte bestehen (und das weltweit), auch wenn die Bezugspunkte zur Tradition im zeitgenössischen Bereich erkennbar bleiben".[10]

In den achtziger Jahren hat sich die Zahl der Anhänger des zeitgenössischen Jazz permanent vergrößert. Ein beredtes Beispiel dafür ist das wachsende Publikumsinteresse an der "Jazzbühne Berlin". Bisher in der "Volksbühne" (800 Plätze) durchgeführt, brachte die Verlegung dieser Veranstaltungsreihe in den "Friedrichstadtpalast" die dringend benötigte Kapazitätserweiterung auf 1.800 Plätze. Von 1977 bis 1986 zählte die "Jazzbühne" eine in die Zehntausende gehende Zahl von Besuchern.

Es bildete sich allmählich ein sachkundiges, dem zeitgenössischen Jazz gegenüber aufgeschlossenes Publikum mit spezifischen Interessen heraus, das nach der Befriedigung neu entstandener musikalischer Bedürfnisse strebte. Einem großen Teil dieses Publikums wurden die traditionellen Jazzstile musikalisch zu eng, was übrigens auch für einen gewissen Kreis der Rockmusikanhänger zutrifft. Unter den Einflüssen des Free Jazz, durch den weit größere Freiräume für das musikalische Experiment geschaffen wurden - eine Tatsache, die nicht nur die Musiker, sondern auch das Publikum entsprechend stimulierte und motivierte -, änderten sich Haltungen, Meinungen, Erwartungen und Gewohnheiten, wurde die Befriedigung musikalischer Bedürfnisse auf einer anderen Ebene gesucht. Sehr viele Jazzanhänger allerdings, vor allem die, die in den fünfziger und sechziger Jahren zum Jazz gefunden hatten, waren n i c h t bereit (und in der Lage), ihre Hörgewohnheiten entsprechend der stilistischen Wandlungen mitzuvollziehen oder zu ändern. Die avantgardistischen Einflüsse hatten also auch einen gewissen Rückgang der Publikumsresonanz zur Folge. Bei vielen Jazzanhängern der fünfziger, sechziger Jahre verlagerten sich die musikalischen Interessen häufig auf andere Formen populärer Musik. Dafür wandten sich junge

Leute spontan dem Free Jazz zu. Für sie stellte er - einschließlich der politischen Ereignisse und des sozialen Umfeldes, die bei seiner Entstehung eine wesentliche Rolle spielten, mit denen sich diese jungen Leute identifizierten - eine interessante und "revolutionäre" musikalische Novität dar. Durch diese Verjüngung des Jazzpublikums (die für die achtziger Jahre charakteristisch ist) und die stilistische Aufsplittung des Jazz entstand im Vergleich zu den fünfziger und sechziger Jahren ein neues, anderes Jazzpublikum. Es setzt sich zum großen Teil aus Intellektuellen zusammen, die sich zumeist auch für andere Formen der Kunst, Kultur und Musik, z. b. für zeitgenössische Sinfonik und Kammermusik, interessieren.[11] Innerhalb der letzten fünfzehn Jahre hat sich in der DDR auf diese Weise ein Kennerpublikum des zeitgenössischen Jazz herauskristallisiert, das kein anderes Land Europas so konzentriert aufzuweisen hat. Einige von ihnen - und das sind nach den eigenen Beobachtungen des Autors nicht wenige - möchten "dabei" sein, da es ihrer Meinung nach "in" ist, solche Musik zu hören bzw. solchen "Kreisen" anzugehören. Das sind häufig Jugendliche, und zwar nicht nur intellektuelle, die dem Diskoalter "entwachsen" sind, denen die Diskomusik, aber auch die in den Diskotheken übliche Kommunikation nichts mehr zu geben vermag. Bei ihnen stehen deshalb nicht so sehr die Befriedigung musikalischer Bedürfnisse als vielmehr die Unterhaltung oder z. B. das Genießen der Klubatmosphäre, die Suche nach Gemeinsamkeit und die Kommunikation mit Gleichgesinnten usw. im Vordergrund, ein Ausdruck zwar anderer, doch ebenso legitimer Bedürfnisse. Leider gab und gibt es aber immer noch zu wenige Möglichkeiten und Angebote, die dem Bedarf in dieser Hinsicht entsprechen. Hierin wird ein Faktor erkennbar, der maßgeblich an der Formung des Jazzpublikums beteiligt ist, die Jazzpräsentation.

Obwohl sich während der letzten Jahre positive Tendenzen in dieser Hinsicht abzeichnen, ist die permanente Erweiterung des Spektrums der Jazzpräsentation von besonderer Bedeutung. Die Spannweite dieses Spektrums sollte den Jazz vom "Underground" eines Stadtteilklubs bis hin zu den Sälen des Gewandhauses umfassen, um auch auf diese Weise eine neue Art von Publikum heranzubilden. Einen wesentlichen Beitrag leisten und leisteten die Jazzklubs des Kulturbundes der DDR und die Interessen- und Arbeitsgemeinschaften auf den verschiedensten Ebenen. Die allgemeinbildenden polytechnischen Oberschulen, die Musikschulen, -hochschulen und andere pädagogische und musikpädagogische Einrichtungen in der DDR hatten ebenfalls einen gewissen Anteil an der Prägung des Jazzpublikums. Seit 1967 ist der Jazz obligatorischer Bestandteil des Musiklehrplanes der Ober- und Abiturstufe, existieren ein Programmtonband mit einem Lehrheft und seit 1983 eine SCHOLA-Langspielplatte. Im krassen Gegensatz dazu steht die Tatsache, "daß sich kaum ein Musiklehrer (falls er nicht aus persönlichen Interessen Beziehungen zum Jazz hat) zur fachlichen Vermittlung der Thematik in der Lage sieht, da die ihm vermittelte musikpädagogische Ausbildung den Jazz ignoriert ...".[12] Hier wird ein Mangel evident, der beseitigt werden sollte! Nur durch eine qualifiziertere Ausbildung und Vermittlung im weitesten Sinne kann Interesse für den Jazz geweckt werden. Daraus kann ein g e n e r e l l e s Fazit gezogen werden: Eine intensivere theoretische und praktische Auseinandersetzung mit dem Jazz (nicht nur in den Schulen) wird zu einem besseren und umfassenderen Verständnis der Beschaffenheit und Wirkungsweise dieser Musik beitragen. Damit würde man Phänomenen begegnen, die bei einem großen Teil des Publikums des zeitgenössischen Jazz in der DDR besonders ausgeprägt und fast als "DDR-typisch" zu bezeichnen sind: Mangelndes Wissen und Verständnis um und für die Tradition, z. T. elitäres Denken und eine damit verbundene Toleranzabnahme gegenüber den traditionellen Spielformen des Jazz. Da gerade dieses Publikum geistig meist nur mit dem "hantiert", was es n e u erlebt, verkleinert sich gleichzeitig immer mehr der Kreis derer (vergleichsweise zu den fünfziger und sechziger Jahren), die noch ein Traditions w i s s e n aufzuweisen haben und sich auch geistig aktiv mit dem Jazz auseinandersetzen. Dieser "Liebhaberkreis" ist zahlenmäßig weit geringer als der sogenannte allgemeine Publikumskreis. Da viele Musiker des zeitgenössischen Jazz in ihrer musikalischen Biographie traditionelle Spielweisen durchschritten haben, dieses Wissen für viele Hörer aber nicht oder nur bedingt nachvollziehbar ist, entstehen mitunter grandiose Mißverständnisse dergestalt, daß Rezeptionshaltungen oft aus einer ganz anderen Sicht und Schicht musikalischen Erlebens entstehen als das musikalische Produkt oder der musikalische Prozeß, die dem Publikum vorgestellt werden. Obwohl es einerseits wünschenswert und wichtig ist, in diesem Zusammenhang das Interesse für Traditionsbezüge neu zu wecken, wäre es andererseits falsch, durch "musikalischen Übereifer" oder gar mit Hilfe festgelegter "Strategien" das Publikum von seiner "Liebhaberstrecke" abzubringen oder zu "Universalhörern" erziehen zu wollen. Nicht alles, was der Jazz musikalisch bietet, entspricht immer und allen Hörgewohnheiten, nicht alles kann von allen akzeptiert und kritiklos rezipiert werden. Die Musik muß selbst stark genug und wirksam sein, um zum Hörer zu finden, dessen Angelegenheit es dann ist, sie anzunehmen oder abzulehnen. Eine Möglichkeit, Intoleranz und Ignoranz abzubauen, der Einengung durch den eigenen Geschmack auf eine "Linie" zu begegnen und Traditionsverständnis neu zu wecken, besteht sicher im Auffüllen des Spektrums von der "Mitte" her. Es ist auffällig, "daß - sowohl in östlichen wie westlichen Nachbargebieten immer ein starker Mainstream floß -"[13], in der DDR durch die mangelnde Ausprägung dieser "Mitte", d. h. einer Jazztradition im w e i t e s t e n Sinne, eine große Lücke im gesamten Angebot entstanden ist. Das "Günther-Fischer-Sextett"[14] war in den sechziger Jahren eine der ersten Jazzformationen der DDR, die in dieser Richtung wirksam wurde und es lange Zeit blieb. Erst in den letzten Jahren gab es wieder eine stärkere Hinwendung zu Spielweisen des Modern Jazz und Bemühungen um die Fusionierung von Elementen des Jazz und der Rockmusik zu Rockjazz bzw. Jazzrock durch junge Musiker wie Axel DONNER (ld, synth, org, p). Gerhard "Charlie" EITNER (ld, g), Wolfgang FIEDLER (ld, synth, org, p), Thomas KLEMM (ld, ts, fl) u.a. sowie Jazzformationen wie das "Axel-Donner-Quartett (Quintett)", "Splash", "Fusion", "College" usw. Diese Art von Jazz wird wesentlich verdaulicher serviert, wodurch ein größerer Publikumskreis erreicht und mit dem Jazz vertraut gemacht wird. In diese Richtung etwa ist auch der neue Boom aus Großbritannien, der New Jazz, einzuordnen, der vor allem Elemente des Jazz und der Popmusik miteinander verbindet. Dazu der Jazzgitarrist Gerhard "Charlie" EITNER aus der DDR:

"Unsere Musikanten sollten den 'New Jazz'- bei allem Für und Wider - wie jeden neuen Trend aufmerksam verfolgen, ohne ihn pur zu übernehmen. Er hilft, den musikalischen Standard zu erweitern, bietet Möglichkeiten, Neues zu entdecken und verschrumpften Denkweisen adé zu sagen. Der 'New Jazz' kommt auf eine faßbare Weise daher und erreicht in hoher musikalischer Perfektion die Leute. Er zeigt die künftige Richtung der populären Musik an - bei entsprechendem Können ist alles erlaubt".[15]

Im Verlauf der letzten vier Jahrzehnte ergaben sich zahlreiche neue Gesichtspunkte, die den Jazz in der DDR profilierten und prägten, ihm neue Funktionen und Wirkungsbedingungen im Rahmen des "real existierenden Sozialismus" in der DDR vermittelten. In diesem Zusammenhang bildete sich während der achtziger Jahre eine relativ neue Einstellung zum Jazz heraus, erfolgte eine qualitativ veränderte Bewertung und Einordnung des Jazz in das kulturelle Leben der DDR. Einen wesentlichen Anteil daran hatten die künstlerischen und musikalischen Aktivitäten und Initiativen einer Reihe profilierter, international beachteter und anerkannter Jazzmusiker der DDR. C. BAUER, Günther FISCHER (comp, saxes, fl, p), E.-L. PETROWSKY und G. SOMMER wurden z. B. für ihre außerordentlichen Verdienste, die sie sich im Zusammenhang mit der Profilierung des DDR-Jazz erwarben, mit dem Kunstpreis der DDR ausgezeichnet. Diese Auszeichnungen waren Ausdruck der gewachsenen Anerkennung und Wertschätzung des Jazzmusikers im musikkulturellen Leben der DDR. Daß dem Jazz - seinen Besonderheiten, spezifischen Mitteln und Möglichkeiten entsprechend - kulturpolitisch ein solch hoher Stellenwert zuerkannt wurde, zählt zweifelsohne zu den Errungenschaften kultureller Veränderungen zu dieser Zeit in der DDR.

Mit dieser wachsenden Anerkennung des Jazz sowie der Förderung der Musiker durch staatliche Kulturpolitik begann eine zunehmende Professionalisierung. Die Tatsache, daß der Jazz mehr und mehr "Berufsstatus" erlangte, eröffnete noch weitere Möglichkeiten seiner künsterlischen Entwicklung. Damit wurde die Gründung von Jazzformationen möglich, die sich primär dem zeitgenössischen Jazz widmeten, ihn interpretieren und vor allem im w e i t e s t e n Sinne international produzieren konnte. Das führte zu einer permanenten Zunahme der Beteiligung und Mitwirkung von Jazzmusikern aus der DDR an bedeutenden internationalen Jazzveranstaltungen, Festivals und in international zusammengesetzten Orchestern. Von besonderer Bedeutung in diesem Zusammenhang war, daß DDR-Jazzer im westlichen Ausland präsent wurden und hier ihr qualitativ hohes Können unter Beweis stellen konnten. In einem Programmheft, das anläßlich eines Konzertes des "Petrowsky-Sextetts" im Dezember 1979 in Basel herausgegeben wurde, heißt es dazu:

"Welches sind nun die Gründe für die hohe Qualität des DDR-Jazz? Die Jazzmusiker der DDR sind sowohl bei der Bevölkerung als auch bei den regierenden Instanzen anerkannt, sind demzufolge finanziell im Verhältnis besser gestellt, haben mehr Zeit und Möglichkeiten für das Studium der Musik und für Proben. Sie haben auch die Gelegenheit, regelmäßig im In- und Ausland größere Tourneen, Rundfunk-, Fernseh- und Plattenproduktionen durchzuführen".[16]

Das Münchener Informationsblatt LOFT äußerte sich zu diesem Problem vier Wochen später, im Januar 1980, zu einem Konzert des Sextetts in München wie folgt:

"Bestätigt wird wiederholt von allen Seiten ..., daß die Terminkalender

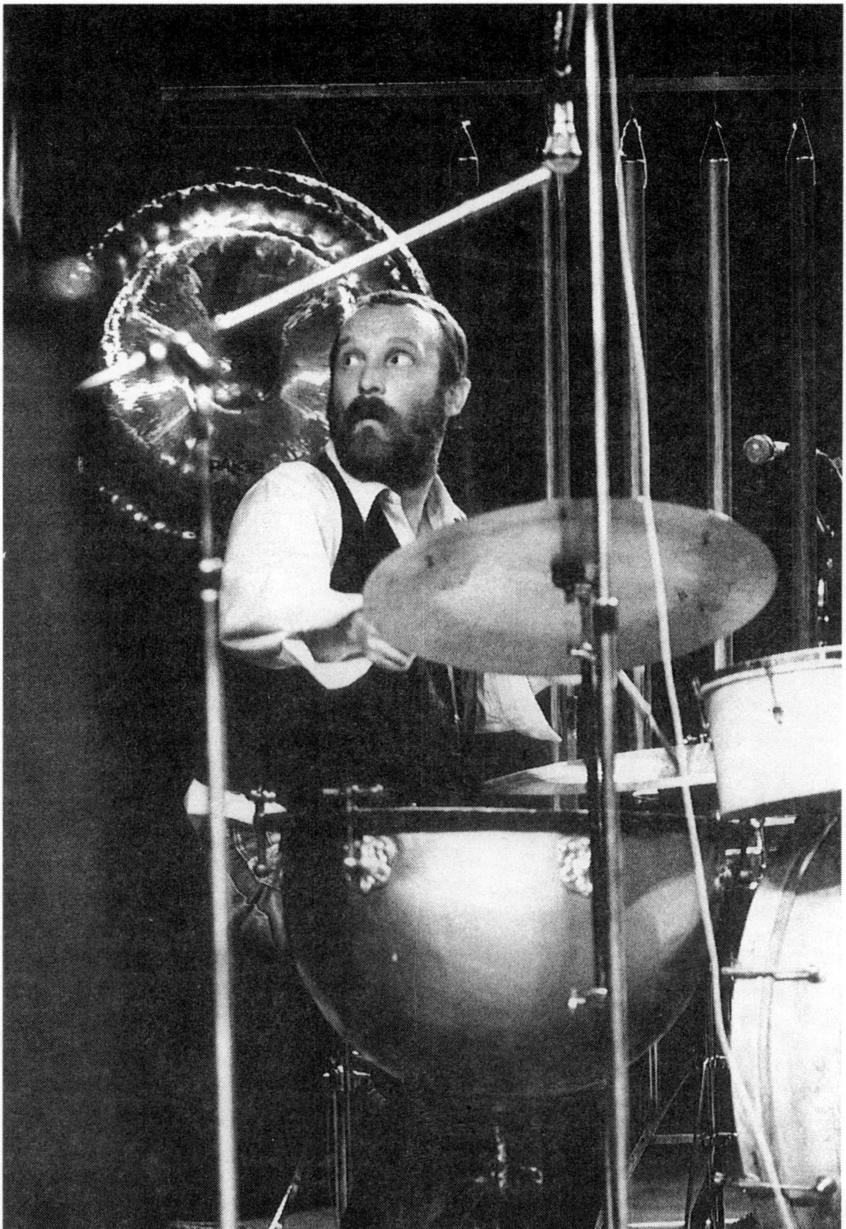

Günter "Baby" Sommer (perc)

der Jazzmusiker aus der DDR gefüllter sind als die der westdeutschen Kollegen. Das erlaubt natürlich eine gewisse profane Sicherheit. Das wiederum könnte zur Folge haben, daß sich Jazzmusiker in der DDR fester in der Gesellschaft verwurzelt fühlen. Als 'völlig integriert' sieht sich beispielsweise Petrowsky: 'Wir haben niemals das Gefühl, in einen grenzenlosen Individualismus ausarten zu können. Und es kann einem auch nie so schlecht gehen, wie das im Westen möglich ist... Da ist es bei uns relativ gesichert und geordnet' "·[17]

Diese Begegnungen und Kontakte förderten den Austausch persönlicher Erfahrungen, musikalischer Auffassungen und Ideen sowie die Zunahme nationaler und internationaler Aktivitäten, was dem musikalischen Progreß äußerst dienlich war. Damit veränderte sich auch der bisherige soziale Status des Jazzmusikers in der DDR, indem er "kulturpolitisch legitimiert" wurde. Das hatte zur Folge, daß sich eine neue Profession herausbildete, die des sogenannten "Vulgo-Managers".[18] Diese Manager, deren "rechtlicher Status" ungeklärt war - sie gaben sich gegenüber den Behörden als Assistenten, Techniker oder Programmgestalter aus -, vertraten zunehmend einzelne Musiker und Formationen in geschäftlichen Angelegenheiten. Obwohl solche individuellen Aktivitäten, Organisatoren und Promotoren im Musikgeschäft notwendig sind, sah man von staatlicher Seite die "Gefahr" eines heraufkommenden kommerziell orientierten Managements, was den Grundprinzipien sozialistischer Ökonomie widersprach. Die "Sektion Jazz" versuchte, dem durch die gesetzliche Legitimation dieser Managertätigkeit zu begegnen. Absolut trostlos war die Situation während der letzten beiden Jahrzehnte für die Jazzmusiker der DDR auf materiell-technischem Gebiet. Der staatliche Fachhandel stellte den Jazzmusikern (und nicht nur ihnen) weder Instrumente noch das entsprechende Zubehör - dem internationalen Standard angemessen - zur Verfügung! Ein Paradoxum, da die DDR selbst Produzent z. T. hochwertiger Musikintrumente ist. Die Folge: Die Schwarzmarktgeschäfte blühten! Die "Sektion Jazz" versuchte auch hier durch eine Reihe von Vorschlägen an übergeordnete staatliche Einrichtungen Abhilfe zu schaffen, u.a. durch die bevorzugte Belieferung von Instrumenten an die Musiker, die zollfreie Einfuhr von hochwertigen Musikinstrumenten als dringend benötigte Arbeitsmittel usw.

Darüber hinaus bemühte sich die "Sektion" um die Verbesserung der Lebens- und Arbeitsbedingungen der Jazzmusiker, z. B. bei der Beschaffung von Telefonanschlüssen, Wohnraum, Darlehen, von Arbeitsmitteln, Personenkraftwagen, Bereitstellung von Nutzfahrzeugen usw. Ebenso wichtig - eine Reihe von Fördermaßnahmen, die nicht nur durch die "Sektion Jazz", sondern die Generaldirektion beim Komitee für Unterhaltungskunst der DDR getragen wurden. Dazu gehörten u.a. die Beschaffung von Probenmöglichkeiten und -räumen, Stützungsbeiträge für Tourneen, inhaltliche Hilfestellung durch Mentoren etc. So wurden z. B. von 1984 bis 1988 gestützte Tourneen mit etwa 30 Formationen durchgeführt, die 150 Konzerte gaben. Diese Tourneen hatten vor allem das Ziel, den zeitgenössischen Jazz in der Szene zu präsentieren und zu popularisieren, der "tourneemäßigen Realisierung von speziellen Projekten bzw. Auftragswerken, der Stabilisierung bestehender und der Bildung neuer Formationen, einschließlich der Möglichkeit zur Bildung experimenteller Werkstattbesetzungen zu dienen".[19] Gefördert wurden aber nicht nur Formationen, einzelne Musiker oder ihre Tourneen, sondern auch ganz spezielle Projekte. Dazu zählen u.a. die Gründung der drei "Nationalen Jazzorchester der DDR" oder die "Nationalen Jazztage der DDR" in Weimar, 1985 und 1989.

Territorial gab es ebenfalls eine Reihe von Initiativen, die dem Beruf des Jazzmusikers förderlich waren, z. B. der Improvisationskurs für junge Jazzmusiker in Halle unter der Leitung von Wladimir ILJEW (ts, g) oder das "Fest der jungen Künstler und Talente" 1987 in Dresden, bei dem es ein erfolgreiches Jazz-Zentrum gab.

Was den Nachwuchs im Jazz betrifft, rekrutiert er sich im wesentlichen aus Studenten der Musikhochschulen bzw.' der bezirklichen Musikschulen, die in den jeweiligen Tanz- und Unterhaltungsmusik-Abteilungen studieren. Nirgendwo allerdings gab und gibt es (wie z. B. in Graz) eine spezielle Jazzklasse. Junge jazzinteressierte Musiker sind auf ihre eigene Initiative bzw. vom Vermögen und Engagement des Lehrpersonals, den Jazz in die Tanz- und Unterhaltungsmusik-Ausbildung zu integrieren, abhängig. Quantität und Qualität der jazzspezifischen Ausbildung sind dabei von unterschiedlichem Niveau.[20]

Unter Beachtung der vorhandenen und durchaus kritisch zu bewertenden Mängel, die Situation der DDR-Jazzmusiker betreffend, ist alles in allem festzustellen, daß die hohe Anzahl an professionellen Jazzmusikern in der DDR und ihre Förderung durch staatliche Einrichtungen während der achtziger Jahre einen enormen Aufschwung nahm und seinesgleichen in Europa sucht. Wird es so bleiben?

Im Zusammenhang mit dieser Frage und an dieser Stelle nochmals einiges zur "Sektion Jazz" beim "Komitee für Unterhaltungskunst der DDR", die zweifellos durch ihre Arbeit und ihr Wirken in Kooperation mit staatlichen Institutionen die Jazzentwicklung in der DDR äußerst progressiv befördert hat: Als sich am 24. September 1984 das "Komitee für Unterhaltungskunst" neu konstituierte, entstanden neun eigenständige Sektionen unterschiedlicher künsterischer Genres, darunter die "Sektion Jazz" als Ergebnis der zielstrebigen Bemühungen des ehemaligen "Arbeitskreises Jazz" (1974 gegründet). Durch die Erweiterung ihres speziellen Wirkungskreises, ihrer Rechte und Pflichten, ihrer Eigenständigkeit und Verantwortung stellte die "Sektion" gegenüber dem "Arbeitskreis" eine neue Qualität dar und war deshalb von so großer Bedeutung. Die "Sektion" umfaßte 215 Mitglieder, Musiker, Journalisten, Kritker u.a. Den Vorsitz führte der Jazzposaunist Conrad BAUER. Besondere Verdienste erwarb sich vor allem der Sekretär der "Sektion" Hans-Peter EGLI.

Anfang des Jahres 1990 lösten sich das "Komitee für Unterhaltungskunst der DDR" und auch die "Sektion Jazz" auf. Damit waren und sind eine Reihe positiver Komponenten der Jazzentwicklung - wie sie eigentlich in den letzten zehn Jahren fast nur in der DDR zu konstatieren waren - in Frage gestellt worden. Seitdem ringen Jazzmusiker und andere ehemalige Sektionsmitglieder in dem neu gegründeten "Berufs- und Interessenverbaand e.V." (April/Mai 1990) um ihre Existenz und ihr weiteres Bestehen. Der nachstehende Auszug aus einem Brief des Verbandes an seine Mitglieder kann die Situation nicht besser verdeutlichen:

"Liebe Berufskolleginnen und Kollegen!

Wir schreiben Euch diesen Brief, weil wir erschüttert und besorgt sind über die gegenwärtige Entwicklung auf kulturellem und künstlerischem Gebiet in unserer Republik. Viele Künstler, so bemerken wir, sind diesen Entwicklungen bereits hoffnungslos ausgeliefert, sie sind ratlos oder beginnen schon heute zu resignieren. Andere, noch Unbetroffene, nehmen an, das bittere Los der Beschäftigungslosigkeit, ausbleibende Engagements, gekündigte Verträge, soziale Unsicherheit ... all das werde an ihnen vorbeigehen. Sie vertrauen auf ihre eigene Stärke, verschließen sich gemeinsamen Initiativen. Und zu viele hoffen noch immer darauf, die da Oben werden sich schon irgendwann wieder an die Künstler erinnern, für deren soziale Belange Sorge tragen.
Wir denken, härtere Zeiten kommen auf uns alle zu, auf die Schon-Er-

folglosen ebenso wie die Noch-Erfolgreichen. Wir dürfen nicht länger tatenlos bleiben, nicht kurzsichtig nur das eigene Wohl im Auge behalten. Laßt uns gemeinsam für unsere Rechte und Ziele streiten!"

Bleibt zu wünschen, daß im nationalen Einigungsprozeß auch auf diesem Gebiet ein Stück eigene kulturelle Identität mit eingebracht werden kann!

EPILOG

Die in der DDR ausgelöste Krise ist nicht nur eine soziale, sondern auch kulturelle Krise. Sie schlug tiefere Wunden als man vielleicht wahrhaben möchte. diese Krise hatte nicht nur eine Verwahrlosung der politischen, städtebaulichen, Landschafts- und Arbeitskultur zu Folge, sondern offenbarte einen "zunehmend spürbar werdenden gesellschaftlichen Sinn- und Werteverlust, der seit langem schon registriert werden konnte."[1] Eine solche Trennung der Kultur vom sozialen Lebensbereich, so, wie sie in der DDR über viele Jahre praktiziert worden ist, mußte zu solch verheerenden Folgen führen! Die kulturelle Verstaatlichung, die Auslotung der Kultur an politisch-ideologischen Richtlinien von Staat und Partei, ihre zentralistische Verwaltung und ihre "Restmittelfinanzierung" bekam auch der Jazz in der DDR nur oft genug zu spüren.

Das Ergebnis dieser despotischen Verteilungsverhältnisse, dieses Minderheitendiktates, war eine "aufwendig geförderte politisch repräsentative Staatskultur",[2] in der es der Jazz über lange Zeit schwer hatte, Fuß zu fassen. In diesem Zusammenhang erhebt sich die Frage: Wie soll es weitergehen - auch mit dem Jazz! - im Prozeß - der sich vollziehenden Einigung? Vonnöten ist nicht nur die Abschaffung der "alten Übel", nicht nur die Entwicklung einer kulturellen Infrastruktur, kultureller Innovationen und die Schaffung eines breit gefächerten kulturellen Angebotes, sondern vonnöten in diesem Prozeß sind vor allem das Einbringen eigener kultureller Identität und eigener kultureller Werte, wenn wir nicht wollen, daß wir "neben dem europäischen Haus unsere nationale (kulturelle) Gartenlaube errichten."[3]

Da der Jazz in der DDR nie sein "Gesicht verloren" und stets - selbst unter den schwierigsten Bedingungen - seine eigene Identität bewahrt und permanent um sie gerungen hat, ist er wie kaum eine andere Kunstgattung dazu prädestiniert, seinen Teil in diesem Prozeß mit einzubringen.

Allerdings - Mutmaßungen über das künftige "Schicksal" des "JAZZ - MADE IN GDR" als Bestandteil eines auch wieder kulturell geeinten Deutschlands anzustellen oder gar soziale, kulturpolitische oder ästhetische Statements abgeben zu wollen, wäre zur Zeit pure Spekulation. Dazu wird man wohl erst etwas später in der Lage sein.

VERZEICHNIS DER VERWENDETEN ABKÜRZUNGEN

1. **International gebräuchliche Abkürzungen für Instrumente usw.**

acc	Akkordeon
arr	Arrangement, Arrangeur
as	Altsaxophon
b	Kontrabaß, Baß
bars	Baritonsaxophon
bcl	Baßklarinette
bg	Baßgitarre
bj	Banjo
cl	Klarinette
c, co	Kornett
comp	Komposition
dr	Schlagzeug
e, el	Elektro-
fg	Fagott
fh	Horn
fl	Flöte
flh	Flügelhorn
g	Gitarre
harm	Mundharmonika
harp	Harfe
keyb	Tasteninstrumente
ld	Bandleader, Orchesterleiter
ob	Oboe
org	Orgel
p	Piano, Klavier
perc	Schlaginstrumente
rec	aufgenommen
r, reeds	Holzblasinstrumente
sax(es)	Saxophon(e)
sou	Sousaphon
ss	Sopransaxophon
syn, synth	Synthesizer
tb	Posaune
tp	Trompete
ts	Tenorsaxophon

tu	**Tuba**
va	Viola
v, vi	Violine
vc	Violincello
vb, vib	Vibraphon
voc	Gesang
vtb	Ventilposaune
wb, wbd	Waschbrett
x, xyl	Xylophon

2. Zeitschriften und Zeitungen

BZ	Berliner Zeitung
BzmwF	Beiträge zur musikwissenschaftlichen Forschung. Leipzig
Melos/NZ	Melos/Neue Zeitschrift für Musik, Mainz 1975ff.
MuB	Musik und Bildung. Mainz 1969ff.
MuG	Musik und Gesellschaft. Berlin 1951ff.
MuSch	Musik in der Schule. Berlin 1950ff.
WB	Weimarer Beiträge. Berlin und Weimar 1955ff.

ANMERKUNGEN

Die Vorgeschichte - Jazz in Deutschland bis 1945

1. vgl. Generalanalyse Jazz. Hrsg.: Komitee für Unterhaltungskunst der DDR. Sektion Jazz. Beschluß der Leitung der Sektion Jazz vom 22.10.1988.
2. Theodor Wiesengrund Adorno: Zeitlose Mode. Zum Jazz. In: Th. W. Adorno: Prismen, Kulturkritik und Gesellschaft. München 1963.
3. Alfred Baresel: Jazz in der Krise - Jazz im Umbruch. Trossingen 1959
4. Andre Asriel: Jazz. Analysen und Aspekte. Berlin 1985
5. Karlheinz Drechsel: Jazzobjektiv. Berlin 1983
6. zitiert nach Joachim Ernst Berendt: Ein Fenster aus Jazz. Essays, Porträts, Reflexionen. Frankfurt/Main 1977
7. a. a. O.
8. zitiert nach J. E. Berendt: Ein Fenster aus Jazz. a. a. O.
9. Jürgen Mainka: Zwischen Illusion und Demagogie. Zum musikalischen Alltag in Nazideutschland. In: MuG. Berlin 33(1983)4
10. Heinz-Jürgen Staszak: Beobachtungen an der Wirkungsweise des Lukácsschen Literaturkonzeptes. In: WB. Weimar und Berlin 31(1985)4.
11. zitiert nach R. Fark: Die mißverstandene Botschaft. Publizistische Aspekte des Jazz im sozio-kulturellen Wandel. Dissertation . Münster 1971 und Berlin/West 1981.

Vom hoffnungsvollen Neubeginn nach 1945

1. J. E. Berendt: Ein Fester aus Jazz. a.a.O.
2. Der einfacheren Verständigung wegen wird vom Verfasser der Begriff Nachkriegsdeutschland verwendet. Territorial umfaßt er die damaligen 4 Besatzungszonen in Deutschland. Zeitlich ist er auf die Jahre von 1945 bis 1949 (bis zur Gründung der DDR und BRD) eingegrenzt.
3. J. E. Berendt: Ein Fenster aus Jazz. a.a.O.
4. Dietrich Noll: Zur Improvisation im deutschen Free Jazz - Untersuchungen zur Ästhetik frei improvisierter Klangflächen. Hamburg 1977.
5. J. E. Berendt: Ein Fenster aus Jazz. a.a.O.

6. Da es für die zweite Hälfte der vierziger und die fünfziger Jahre relativ wenig aussagekräftiges Material gibt, mußte der Verfasser für eine Reihe von Angaben in diesem Kapitel auf Ausführungen und Hinweise von Geprächspartnern zurückgreifen, die die Jazzentwicklung seit 1946 im Nachkriegsdeutschland und in der DDR erlebten, aktiv mitgestalteten und z. T. heute noch mit ihr verbunden sind. Ihm wurden von diesen Personen u.a. Originaldokumente dieser Zeit zur Verfügung gestellt, die er einsehen und als Quelle für dieses Buch verwenden konnte.
7. Die Jazzkritik hatte unmittelbar nach dem Krieg ihren ersten Höhepunkt (als Randzahlen sind 1947 und 1961 zu setzen). Sie blieb aber auf die USA und Westeuropa beschränkt. Die Ursachen dafür dürften die Stellung der USA nach dem Krieg, der Einfluß amerikanischer Rundfunksender, die Stationierung amerikanischer Truppen in Westeuropa und die Eigenentwicklung des Jazz - neue Stile (der Bebop und später der Cool Jazz) entstanden und erforderten eine entsprechende Aufarbeitung - gewesen sein. Dabei ragten aus der unübersehbaren Breite der veröffentlichten Jazzliteratur Joachim Ernst BERENDT (BRD), Erik WIEDEMANN (Dänemark), Lucien MALSON (Frankreich), Raymond HORRICKS (Großbritannien) und Ralph GLEASON (USA) heraus. Daneben gab es eine unübersehbare Fülle und Flut minderwertiger Jazzliteratur.
8. A. Baresel: Jazz in der Krise - Jazz im Umbruch. a.a.O.
9. K. Drechsel: Jazzobjektiv. a.a.O.
10. Karlheinz Drechsel/Siegurd Rosenhain: Faszination Jazz. Berlin 1974
11. Diese Materialien wurden dem Autor von Herrn Walter BARTEL, Pianist der ehemaligen "Jazzoptimisten Berlin", zur Verfügung gestellt.

Die "düsteren fünfziger" und die sechziger Jahre

1. Peter Wicke/Wieland Ziegenrücker: Rock, Pop, Jazz, Folk. Handbuch der populären Musik. Leipzig 1985
2. Eberhard Rebling: Herausforderung zu eigener Positionsbestimmung. "Ästhetik des Widerstandes" von Peter Weiss und die Musik. In: MuG. Berlin 36 (1986)9
3. Diese Materialien wurden dem Autor vorliegenden Buches von Herr Dieter WAGNER zur Verfügung gestellt. Dieter WAGNER war jahrelang Jazzclubleiter in Chemnitz (Karl-Marx-Stadt) und hat sich

in dieser Eigenschaft, auch in den "schwärzesten Zeiten", für die Entwicklung des Jazz in diesem Teil der DDR große Verdienste erworben.
4. Ernst Hermann Meyer: Musik im Zeitgeschehen. Berlin 1952
5. a.a.O.
6. Georg Knepler: Jazz und die Volksmusik. In: MuG. Berlin 5 (1955)6
7. a.a.O.
8. Walentina D. KONEN, sowjetische Musikwissenschaftlerin, am 11.08.1910 in Baku geboren. Von 1921 bis 1931 lebte sie in den USA, studierte an der New Yorker Universität Literatur und Musik. 1938 beendete sie ihr Studium am Moskauer Konservatorium und war als Musikwissenschaftlerin, -pädagogin und -journalistin an den verschiedensten Einrichtungen tätig. Seit 1968 ist sie Dozentin für Musikgeschichte am Moskauer Konservatorium. Sie schrieb zwei Dissertationen. 1940 zum Thema "Die Vorgeschichte der Klassischen Sinfonie" und 1947 "Studien zur Geschichte der Musikkultur der USA" und wurde Doktor der Wissenschaften.
9. Walentina D. Konen: Legende und Wahrheit über den Jazz. In: Sovjetskaja Musika. Moskau (1955)9. Außerdem erschienen in : MuG Berlin 5 (1955)12
10. Wolfgang Runge: Die Doppeldroge. Zu den Wurzeln des Stalinismus. In: Sonntag. Berlin 45 (1990)2
11. a.a.O.
12. a.a.O.
13. Horst Haase/Walfried Hartinger/Ursula Heukenkamp/Klaus Jarmatz/Joseph Pischel/Dieter Schlenstedt: DDR-Literaturentwicklung in der Diskussion. In: WB. Berlin und Weimar 30(1984)10
14. BZ mit Walter Janka im Gespräch: Nach Tiananmen mußten wir das Schweigen brechen. In: BZ vom 14./15.04.1990. Berlin 46(1990)88
15. Günter Mayer: Überlegungen zu einem Konzept sozialistischer Massenkultur. In: Protokollband zum Kolloquium "Massenkultur - populäre Künste - Unterhaltung. Theoretische und praktische Probleme der Unterhaltungskunst in der DDR". Berlin 1986
16. Prokop/Rosenfeld: Was ist Stalinismus? In: Für Dich. Berlin (1989)48
17. zitiert nach J. E. Berendt: Ein Fenster aus Jazz. a.a.O.
18. K. Drechsel/S. Rosenhain: Faszination Jazz. a.a.O.
19. Martin Linzer: Jazz-Szene der DDR. In: Profil. Leipzig (1986)5
20. zitiert nach Generalanalyse Jazz. a.a.O.
21. Bert Noglik/Heinz-Jürgen Lindner: Jazz im Gespräch. Berlin 1980

22. Generalanalyse Jazz. a.a.O.
23. B. Noglik/H.-J. Lindner: Jazz im Gespräch. a.a.O.
24. a.a.O.
25. P. Wicke/W. Ziegenrücker: Handbuch der populären Musik. a.a.O.
26. K. Drechsel/S. Rosenhain: Faszination Jazz. a.a.O.

"Jazz - Made in GDR": Die Siebziger Jahre

1. B. Noglik: Zwischen Werkstatt und Festival. In: Werkstatt-Info. Peitz (1978) 1
2. K. Drechsel: Jazzobjektiv a.a.O.
3. H. Meier: Konzertprogramm (Petrowsky-Trio). Brandenburg, Oktober 1983
4. B. Noglik/H. Lindner: Jazz im Gespräch a.a.O.
5. K. Drechsel: Einige Gedanken zur spezifischen Funktion des Jazz und seiner Rolle in der DDR. In: MuSch. Berlin 28 (1980) 7/8
6. D. Noll: Zur Improvisation im deutschen Free Jazz. a.a.O.
7. . K. Drechsel: Jazzobjektiv. a.a.0.
8. Generalanalyse Jazz. a.a.O.
9. Kurt Hager: Zu Fragen der sozialistischen Kulturpolitik der SED. Berlin 1972
10. Generalanalyse Jazz. a.a.O.
11. Rolf Reichelt: Zur zeitgenössischen Repräsentanz des Jazz in der DDR. In: Unterhaltungskunst (Beilage 2/1979). Berlin 20 (1979) 8
12. B. Noglik: Picknick mit Paul Lincke beim Jazzfest Peitz. In: Das Magazin. Berlin 26 (1979) 12
13. Bernfried Höhne: Zum zehnten Mal Jazztage in Leipzig. In: MuG. Berlin 36 (1986) 2
14. K. Drechsel: Jazzobjektiv. a.a.O.
15 Bereits 1954 komponierte Fritz GEISSLER ein Concertino für Jazzband und Streicher (a-s, ts,tp, tb und Streicher).
16. Hans-Heinrich Raab: Komponierte Gruppenimprovisation von Hans Rempel. In: MuG. Berlin 34(1984)11
    Versuche dieser Art, die scheinbar so verschiedenen Genres einander näherzubringen,sich "um eine sinnvolle Synthese ... um einen sinnvollen Kompromiß in dieser Frage" zu bemühen, sind nicht erst in unserer Zeit gemacht worden: In dem letzten Stück seiner Kindersuite, "Children's Corner" (1908), "Golliwoggs Cake Walk", verarbeitet Claude DEBUSSY, Ragtime-Elemente. Die Stücke "Général Lavince", "Eccentric" und "Minstrels" (beide 1910),aus sei-

nen "Préludes", legen ebenfalls Zeugnis davon ab. Weitere Beispiele hierfür wären Igor STRAWINSKY, "Ragtime für 11 Instrumente", "L'histoire du soldat" (beide 1918) sowie seine "Piano Rag Music" (1919), Paul HINDEMITHS "Suite für Klavier 1922", op. 26, Kurt WEILLS "Mahagonny", die "Dreigroschenoper", "Sieben Todsünden", "Street Scene" usw. Ernst KRENEKS Oper "Jonny spielt auf" (1927), Marc BLITZSTEINS "The Gradle Will Rock" u.a.
17. H.-H. Raab: Komponierte Gruppenimprovisation ... a.a.O.

Quo Vadis - "Jazz Made in GDR": Die Achtziger Jahre

1. K. Drechsel : Jazzobjektiv. a.a.O.
2. M. Linzer : Jazz-Szene der DDR. a.a.O.
3. Es gibt u.a. folgende Kurzfilme über Jazz bzw. -musiker:
   Charlie BARNET and his Band (1948)
   Bessie SMITH (1929)
   Lionel HAMPTON and his Orchestra (1950/51)
   Billie HOLIDAY, Louis ARMSTRONG (1946)
   Louis ARMSTRONG & Tyree GLENN (1970)
   Fats WALLER and his Rhythm (1940)
   Sarah VAUGHN (1950/51)
   Gene KRUPA (1946)
   The Benny GOODMANN Story (1955)
   Duke ELLINGTON and his Orchestra (1943)
   Besondere Verdienste im Zusammenhang mit Vorträgen dieser Art erwarb sich Wolfgang MUTH, Anglist und Jazzpublizist und "profunder Kenner der deutschen Jazzszene zwischen den beiden Weltkriegen"(BOHLÄNDER/HOLLER 1980/PT, S. 695). Die Angaben (Filmtitel) wurden dem Programm der IG Jazz Dresden für den Monat März 1985 entnommen.
4. vgl. Generalanalyse Jazz. a.a.O.
5. Diese Zahlen basieren auf den Angaben des Jazzkalenders im "Berliner Jazzblatt". Es enthält Kurzinformationen aus dem Berliner Jazzleben, Artikel unterschiedlichster Rubriken (Musiker- und Gruppenporträts, Berichte und Rezensionen über wichtige Jazzveranstaltungen Berlins und in der DDR sowie über die internationale Szene) und einen umfassenden Veranstaltungsplan für Berlin.
6. vgl. B. Höhne: Freie individuelle Artikulation - Eingebundensein in eine kollektive Musiziersphäre. Hannibal und Serene. In: JAZZPODIUM. Stuttgart 34(1990)2

7. Die Veranstaltungsreihen "Jazzkontakt" und "Polish Jazz" fanden später auch in der Gaststätte "Lukullus" und in der "Wabe" (Kreiskulturhaus Prenzlauer Berg) sowie im Polnischen Informations- und Kulturzentrum statt.
8. Seit 1962 begeben sich nunmehr fast traditionsgemäß die bekanntesten Blues-Interpreten aus den USA auf eine Europa-Tournee, um ihr hohes Können zu demonstrieren. Am 27. Oktober 1985 fand dieses Festival in Berlin statt. Es könnte unter dem Motto "Folk und Funk" gestanden haben. Folgende Blues-Solisten, -virtuosen und -formationen nahmen daran teil: James Sparkey RUCKER (g, voc), die "Young Blues Thrillers" mit Richey GRUNDY (p), Al KEITH (b), Lance LEE (dr), Cash McCALL (g, voc), James "Son" THOMAS (G, voc), "Blind" Joe HILL (g, harm, voc, dr), Margie EVANS (voc) und Eddie "Cleanhead" VINSON (ts, voc).
Joseph "Joe" THOMAS (ts, voc), der Vater des o.g. J. "Son" THOMAS, ist im Spätsommer 1986 im Alter von 77 Jahren in Kansas City verstorben.
9. Das von Francois JEANEAU (ld, saxes) geleitete "L'Orchestra National de Jazz" ist ein staatliches Jazzorchester. Es wurde Anfang des Jahres 1986 auf Initiative des französischen Ministeriums für Kultur gegründet. Es vereinigt zwanzig der besten professionellen Jazzmusiker Frankreichs. Während die Struktur dieser Band konstant bleibt, wird nach dem Rotationsprinzip jährlich die Besetzung und Leitung gewechselt, wobei auch internationale Gäste und Arrangeure mit einbezogen werden. Die Gründung dieses Orchesters ist der Versuch, die Musiker, frei von kommerziellen Zwängen und vom ökonomischen Überlebenskampf, "mit den Erfahrungen der Bigband-Tradition (bekanntzumachen) und die Band auf eigene, europäische, spezifisch französische inspirierte Füße zu stellen, ... (ihnen) viel Raum zu geben, ... zeitgenössischen Jazz zu machen ..." (LINZER 1986).
10. Walter Cikan: 10 Jahre Jazzbühne Berlin. In: Profil. Leipzig (1986)5
11. Thad JONES, der Jazztrompeter, Komponist, Arrangeur und Bandleader aus den USA, ist im Sommer 1986 im Alter von 63 Jahren in Kopenhagen verstorben. Seine Karriere begann in den dreißiger Jahren. Er war u.a. von 1954 bis 1963 Mitglied der Band von C. BASIE und gründete 1965 eine eigene Band.
12. B. Höhne: Zum zehnten Mal Jazztage in Leipzig. a.a.O.
13. <u>In memoriam</u>: Ende Mai 1986 verstarb der 1934 geborene bekannte Jazztrompeter und Flügelhornist Hans-Joachim GRASWURM. Er war der "eindeutig souveränste Trompeter und Flügel-

hornist der DDR-Jazzszene, der die klassische Ballade ebenso beherrscht(e), wie die Kunst der freien Gestaltung" (DRECHSEL 1983, S. 14). Von 1962 bis 1979 war er Mitglied des Rundfunktanzorchesters Berlin und spielte außerdem in den verschiedensten Jazzformationen unterschiedlicher Stilistik. Seit 1979 war er Dozent an der Hochschule für Musik "Hanns Eisler" Berlin.
14. B. Höhne: 1. Jazztage der DDR in Weimar. In: Berliner Jazzblatt. Berlin 5 (1986)15.
15. Vgl. B. Höhne: 1. Jazztage der DDR in Weimar. a.a.O.
16. Vgl. a.a.O.
17. K. Drechsel : Jazzobjektiv. a.a.O.
18. Zur Entwicklung der Big Bands in der DDR hat A. WONNEBERG in der Zeitschrift "Unterhaltungskunst" (1985 und 1986) neun Aufsätze "Die Big Bands. Geschichte und Ausblick", veröffentlicht.
19. Alfons Wonneberg: Die Big Bands. Geschichte und Ausblick. In: Unterhaltungskunst. Berlin 17 (1986) 4
20. a.a.O.
21. Die Aufzählung der Musiker erfolgt in alphabetischer Reihenfolge und stellt somit keine Wertung dar. Sie erhebt keinen Anspruch auf Vollständigkeit.
22. M. Linzer : Und wie nun weiter...?Kritische Gedanken eines Nichtmusikers anläßlich der Sektionsgründung Jazz. In: Unterhaltungskunst. Berlin (1986) 4
23. a.a.O.

Jazzforschung und -Publizistik, der Jazz und die Medien in der DDR

1. P. Wicke : Popmusik - Studie der gesellschaftlichen Funktion einer Musikpraxis (2 Bände). Dissertation A. Band 1. Berlin 1980
2. R. Reichelt : Zur zeitgenössischen Repräsentanz des Jazz in der DDR. a.a.O.
3. Diese Angaben beziehen sich auf den Zeitraum von Januar bis August 1986. Sie basieren auf angegebene Sendezeiten und Sendungen, die der Programmzeitschrift "FF-dabei" vom Autor entnommen sind.
4. Generalanalyse Jazz. a.a.O.
5. Vgl. R. Reichelt : Zur zeitgenössischen Repräsentanz des Jazz in der DDR. a.a.O.
6. Generalanalyse Jazz. a.a.O.

7. a.a.O.

Das Jazzpublikum und die -musiker in der DDR

1. vgl. B. Noglik/H.-J. Lindner: Jazz im Gespräch. a.a.O.
2. vgl. zu diesen Angaben:
Jochen Hahn: Warum hören Jugendliche Musik in ihrer Freizeit? Zum musikalischen Interesse und Rezeptionsverhalten der 14- bis 25jährigen in unserer Republik. In: MuSch. Berlin 27(1977)9.
J. Hahn: Diskomusik - nur eine Geräuschkulisse? Zum musikalischen Interesse von Jugendlichen. In: MuG. Berlin 29(1979)9
Helmut Hanke: Entwicklungstendenzen musikalischer Bedürfnisse. In: MuG. Berlin 31(1981)11
3. Generalanalyse Jazz. a.a.O.
4. Das e r s t e "Dixieland-Revival" ging unmittelbar nach dem zweiten Weltkrieg von den USA aus. Hauptrepräsentant dieses ersten Revivals war über Jahrzehnte hinweg L. ARMSTRONG mit seinen "All Stars". Da in den vierziger Jahren die Jazzentwicklung sehr nachhaltig durch das Aufkommen des Bebop geprägt war, kam es zu einer Rückbesinnung auf die Wurzeln, Quellen und die Geschichte des Jazz. Deshalb wurden "verschollene Musiker aus dem New Orleans vor dem I. Weltkrieg und dem Chikago der zwanziger Jahre ... aufgespürt und ihre Musik ... auf Schallplatten aufgenommen, um sie vor dem Vergessenwerden zu bewahren." (FLÜGGE 1986, S. 7).
5. Herbert Flügge: Die Dixielandszene in der DDR. In: Profil. Leipzig (1986)5.
6. a.a.O.
7. Materialien (Thesen) zur Kulturkonferenz der SED von 1957. Berlin 1957.
8. M. Linzer: Und wie nun weiter ...? a.a.O.
9. Diese speziellen für Kinder verschiedener Altersstufen initiierten Aufführungen sind vor allem den Intiativen und Aktivitäten der "Papa Binnes Jazzband" Berlin und der "Blue Wonder Jazzband" Dresden zu verdanken. Diese Veranstaltungsreihen hatten u.a. zu den "10. Leipziger Jazztagen" (1985), zum "15. Internationalen Dixielandfestivaal" in Dresden (1985) und zu den "1. Jazztagen der DDR" in Weimar (1985) eine große Publikumsresonanz.
10. M. Linzer: Jazz-Szene der DDR. a.a.O.
11. vgl. J. Hahn: Sinfonik im Urteil des Publikums. Ergebnisse einer em-

pirischen Untersuchung zu den DDR-Musiktagen 1984. In: MuG. Berlin 35(1985)4
12. K. Drechsel: Einige Gedanken zur spezifischen Funktion des Jazz und seiner Rolle in der DDR. a.a.O.
13. M. Linzer: Jazz-Szene der DDR. a.a.O.
14. Das "Günther-Fischer-Sextett" (anfangs Quartett) besteht seit 1967. G. FISCHER selbst läßt sich musikalisch relativ schwer festlegen. Die Jazzer haben "es aufgegeben, ihn gänzlich als einen der ihren zu betrachten, und die Pop-Musiker (würden es) wohl nicht wagen, ihn ganz für sich zu vereinnahmen" (LANGE 1984, S. 15).
G. FISCHER arbeitete auch mit Sängerinnen und Sängern erfolgreich zusammen wie U. BRÜNING, A. WEIZ und dem Opernsänger Eberhard BÜCHNER, dessen LP "Seitensprung" 1984 erschien. Für G. FISCHER bedeutet der Jazz nur einen Teil seiner musikalischen Arbeit. Er ist ebenso gefragter Komponist und Arrangeur für das Fernsehen und den Film (sogar in Hollywood) wie für das Ballett und das Theater.
15. zitiert nach Ulrich Gnoth: Ein neuer Boom aus Großbritannien. In: Profil. Leipzig (1986)5
16. Programmheft zum Konzert des "Petrowsky-Sextetts". Basel 1979
17. Informationsblatt "Loft". München, Januar 1980
18. vgl. Generalanalyse Jazz. a.a.O.
19. Generalanalyse Jazz. a.a.O.
20. vgl. a.a.O.

Epilog

1. P. Wicke: Kulturstaat statt Staatskultur. In: Wochenpost. Berlin (1990)5
2. a.a.O.
3. a.a.O.

DARÜBER HINAUS VERWENDETE LITERATUR

ADORNO, Theodor Wiesengrund
 Über Jazz. In: Moments musicaux. Neu gedruckte Aufsätze von 1928-1962. Frankfurt/Main 1964

AMZOLL, Stefan
 Musik des Schreckens und der Warnung. Komponisten klagen den Faschismus an. In: MuG. Berlin 33 (1983) 1

BATEL, Günther
 Free Jazz als intensive Form soziomusikalischer Kommunikation. In: Melos/NZ. Mainz (1978) 6

BECKER, Howard S.
 Außenseiter. Zur Soziologie abweichenden Verhaltens. Frankfurt/Main 1981

BENJAMIN, Walter
 Das Kunstwerk im Zeitalter seiner technischen Reproduzierbarkeit. In: W. BENJAMIN, Lesezeichen. Schriften zur deutschsprachigen Literatur, hrsg. von G. SEIDEL. Leipzig 1970

BERENDT, Joachim Ernst
 Das Jazzbuch. Von Rag bis Rock. Frankfurt/Main, Hamburg 1976

BERENDT, J.E.
 Das große Jazzbuch. Frankfurt/Main 1981

BERLINER JAZZBLATT
 des Jazzklubs Berlin beim Kulturbnd der DDR. Berlin. August 1982 ff.

BERNANDT, G.B.; JAMPOLSKI, M.
 Kto pisal o musikje?, Bd. 2. Moskau 1974

BIMBERG, Siegfried
 Kontrast als musikästhetische Kategorie. Berlin 1981

BISKY, Lothar; FRIEDRICH, Walter
Massenkommunikation und Jugend. Zur Theorie und Praxis der Massenkommunikation und ihrer Einflüsse auf die sozialistische Persönlichkeitsbildung und Bewußtseinsentwicklung Jugendlicher. Berlin 1971.

BISKY, Lothar
The show must go on. Unterhaltung am Konzernkabel: Film, Rock, Fernsehen, neue Medien. Berlin 1985

BLATNY, Pavel
Was kann der Jazz der neuen Musik geben? Was kann die neue Musik dem Jazz geben? In: Jazzforschung. Graz 2 (1971/72) 3/4.

BLOBEL, Ulli; METAG, Peter
Programmheft Jazzworkshop Nr. 2. Peitz 1973

BLUMENSTEIN, Gottfried
Als der Jazz nach Deutschland kam. In: Das Magazin. Berlin 30(1983)9

BLUMENSTEIN, Gottfried
Improvisierte Musik made in G.D.R. in: Ebd. Berlin 31 (1984) 6

BOHLÄNDER, Carlo; HOLLER, Karl-Heinz
Reclams Jazzführer. Stuttgart 1970 und 1977, erweitert und überarbeitet als: Jazzführer (Personen- und Sachteil). Leipzig 1980

BÖHM, D.
lokal.jazz.club.berlin. In: Berliner Jazzblatt. Berlin 3 (1984) 9

BRATFISCH, Reiner
Jazz in der Publizistik der DDR. In: Profil. Leipzig (1986) 5

BROCKHAUS, Heinz Alfred
Referat auf dem Internationalen Musikwissenschaftlichen Kongreß in Leipzig (Kongreßbericht). Leipzig 1966

DASCHE, Michael
Avantgarde heute. Werte und Triebkräfte sozialistischer Musikkultur. In: MuG. Berlin 34 (1984) 8

DAUER, Alfons M.
Jazz - die magische Musik. Ein Leitfaden durch den Jazz. Bremen 1961

DOLLASE, Rainer; RÜSENBERG, Michael; STOLLENWERK, Hans J.
Rock People oder die befragte Szene. Frankfurt/Main 1974

DOLLASE, Rainer; RÜSENBERG, Michael; STOLLENWERK, Hans J.
Das Jazzpublikum. Zur Sozialpsychologie einer kulturellen Minderheit. Mainz. London, New York, Tokyo 1978

DÖLLING, Irene
Individuum und Kultur. Ein Beitrag zur Diskusson. Berlin 1986

DORUZKA, Lubomir; POLEDNAK, J.
Der tschechoslowakische Jazz, Vergangenheit und Gegenwart. Prag und Bratislava 1967

DORUZKA, Lubomir
Probleme und Methoden der Historiographie des Jazz. In: Jazzforschung. Graz 1 (1969) 1

DORUZKA, Lubomir
Anmerkungen zur musikalischen Analyse von Jazz und Rock. In: Jazzforschung. Graz 6 (1977) 8

GERLACH, Caroline
Untersuchungen zur Tanzmusik in der DDR. BzmwF. Leipzig 1981

GERLACH, Jens
Jazzgedichte. Berlin 1966

HANKE, Helmut
Freizeit in der DDR. Berlin 1978

HANKE, Helmut
Musik im sozialistischen Alltag: In: MuG. Berlin 32 (1982) 12

HANKE, Helmut; KOCH, Thomas
Zum Problem der kulturellen Identität. In: WB. Berlin und Weimar 31 (1985) 8

HANKE, Helmut
   Massenkultur, populäre Künste, Unterhaltung. In: Unterhaltungskunst (Beilage 1/86). Berlin 17 (1986) 1

HAUSER, Arnold
   Soziologie der Kunst. München 1976

HEFELE, Bernhard
   Jazzbibliographie. München, New York, London, Paris 1981

HEISS, Jürgen
   Rockmusik und soziale Bewegung in den USA. Dissertation A. Potsdam 1983

HENTOFF, Nat; McCARTHNY, Albert (Hrsg.)
   Jazz. New York 1959. Neuausgabe als: Jazz. New Perspectives on the History of Jazz. New York 1974

JAZZFORSCHUNG
   jazzforschung - jazzresearch. Hrsg. von Friedrich KÖRNER und Dieter GLAWISCHNIG im Institut für Jazzforschung an der Hochschule für Musik und darstellende Kunst in Graz in Zusammenarbeit mit der Internationalen Jazzgesellschaft für Jazzforschung. Graz 1969 ff. (jeweils mit Rezensionen von Neuerscheinungen)

JAZZ & ME
   In: Jazzforum. Warschau 5 (1977) 70

JAZZREPORTE
   Informationsblatt des Leipziger Jazzklubs beim Kulturbund der DDR. Leipzig 1976 ff.

JOST, Ekkehard
   Eine experimentalpsychologische Untersuchung zu Hörgewohnheiten von Jazzmusikern. In: Jazzforschung. Graz 1 (1969)1

JOST, Ekkehard
   Zum Problem des politischen Engagements im Jazz. In: Jazzforschung.Graz 3 (1973) 5

JOST, Ekkehard
Free Jazz. Stilkritische Untersuchungen zum Jazz der sechziger Jahre. Mainz 1975

JOST, Ekkehard
Zur Ökonomie und Ideologie der sogenannten Fusionsmusik. In: Jazzforschung. Graz 6 (1977) 9

JOST, Ekkehard
Divergierende Tendenzen im Jazz der siebziger Jahre. In: R. BRINKMANN; Hrsg., Avantgarde, Jazz, Pop. Tendenzen zwischen Tonalität und Atonalität. Mainz, London, New York, Tokyo 1979

JOST, Ekkehard
Jazzmusiker. Materialien zur Soziologie der afroamerikanischen Musik. Frankfurt/Main, Berlin, Wien 1982

JOST, Ekkehard
Sozialgeschichte des Jazz in den USA, Frankfurt/Main 1982

KNEPLER, Georg
Geschichte als Weg zum Musikverständnis. Leipzig 1982

KÖHLER, Peter; SCHACHT, Konrad
Die Jazzmusiker. Zur Soziologie einer kreativen Randgruppe. In: Jazzforschung. Graz 12 (1984) 16

KONFERENZ zur Unterhaltungskunst der DDR
am 13. und 14. März 1978 (Konferenzmaterialien). In: Unterhaltungskunst (Beilage). Berlin 9 (1978) 3/4

KRÄHENBÜHL, Peter
Der Jazz und seine Menschen. Eine soziologische Studie. Bern 1968

KRENZLIN, Norbert
Populäre Künste in der Diskussion. In: Unterhaltungskunst (Beilage). Berlin 17 (1986)

KURELLA, Alfred
Wofür haben wir gekämpft? Beiträge zur Kultur und Zeitgeschichte. Berlin und Weimar 1975

KUSCHE, Lothar
Was ist Jazz? In: die Weltbühne. Berlin 70 (1975) 48

LANGE, Horst
Jazz in Deutschland. Die deutsche Jazzchronik 1900-1960. Berlin/West 1960

LEHMANN, Günther K.
Stramin und totale Form. Der Kunstphilosoph Georg Lukács und sein Verhältnis zu Ernst Blochs Ästhetik der Hoffnung. In: WB. Weimar und Berlin 31 (1985) 4

LINZER, Martin
Eine gehörige Portion Humor. Jazzbühne 1984. In: Sonntag. Berlin 38 (1984) 27

MANDEL, Ernest
Für Stalin war Leo Trotzki ein Terrorist und Gestapo-Agent. Der erbitterte Kampf gegen die alte bolschewistische Garde nach Lenins Tod. In: BZ vom 01.03.1990. Berlin 46 (1990) 51

MAYER, Günter
Zur Diskussion des Kulturbegriffes. In: WB. Weimar und Berlin 22 (1976)1

MAYER, Günter
Exkurs zum Problem künstlerischer Massenprozesse. Typoskript

MECKLENBURG, Carl Gregor
Stilformen des modernen Jazz. Vom Swing zum Free Jazz. Baden-Baden 1979

MERZ, Max
Der volkstumzersetzende Einfluß des Jazz. München 1941

MÜHLENBERG, Dietrich
Woher wir wissen, was Kultur ist. Gedanken zur geschichtlichen Ausbildung der aktuellen Kulturauffassung. Berlin 1983

MUTH, Wolfgang
"Johnny spielt auf" - Negermusik im Deutschland der Weimarer Republik. Eisenach 1971

MUTH, Wolfgang
Jazz in der Zeit des Faschismus (in 3 Teilen). In: Sonntag. 38 (1984) 5, 11 und 26

MUTH, Wolfgang
Jazz behind barbed wire. In: Jazzforum. Warschau 13 (1985) 93

NOGLIK, Bert
Jazzwerkstatt international. Berlin 1981

PROGRAMMHEFTE
der Jazzbühne Berlin und der Leipziger Jazztage (1976 - 1986)

PROGRAMMHEFT
zur Reihe Kammermusik im Gespräch in der Komischen Oper Berlin (Nr. 63). Berlin 1983

PROFIL
Zeitschrift "Methodik zur Tanzmusik". Leipzig (Zentralhaus-Publikation) (1986) 5

RAABE, Peter
Die Musik im Dritten Reich. In: Kulturpolitische Aufsätze und Reden, Band 2 (Reihe: Von Deutscher Musik, Band 48). Regensburg 1936

RUDORF, Reginald
Ein Wort für den Jazz. In: Das Podium. Ein Almanach für das Jahr 1955. Berlin 1955

SCHLENSTEDT, Silvia
Problem Avantgarde. Ein Diskussionsvorschlag. Bezugsfeld deutscher Expressionismus. In: Akademie der Wissenschaften der DDR, Hrsg., Künstlerische Avantgarde - Annäherungen an ein unabgeschlossenes Kapitel. Berlin 1978

SCHMIDT-JOOS, Siegfried
Jazz, Gesicht einer Musik. Genf, Hamburg 1961

SCHMIDT-JOOS, Siegfried
Koexistenz oder Integration? Die Ausstrahlung des Jazz auf Konzertmusik, Kirchenmusik, Oper, Musical, populäre Musik und Beat. In: MuB. Mainz 3 (1971) 4

SCHNEIDER, Frank; WICKE, Peter
Popularität oder ästhetischer Anspruch. Zum Verhältnis von zeitgenössischer "ernster" und "populärer" Musik heute. In: MuG. Berlin 36 (1986) 3

SPAHN, Peter
Unterhaltung im Sozialismus. Traditionen. Ergebnisse, Tendenzen. Berlin 1980

STIETZEL, Britta
Concerto für Jazzband und Sinfonieorchester. Chris Barber im Palast der Republik. In: Bz. Berlin 42 (1986) vom 4./5. Oktober 1986

VIERA, Joe
Jazz in Europa. Eine zusammenfassende Darstellung. München 1965

VIERA, Joe
Die Zukunft des Jazz. In: NZ. Mainz (1966) 11

VOGT, Hans
Neue Musik seit 1945. Stuttgart 1982

WEIMANN, Robert
Kunstensemble und Öffentlichkeit. Aneignung - Selbstverständnis - Auseinandersetzung. Halle-Leipzig 1982

WEIMANN, Robert
Funktion und Niveau der Unterhaltung in den Künsten. In: Unterhaltungskunst (Beilage 1/1986). Berlin 17 (1986) 1

WICKE, Peter
Alltägliche Lebensprozesse und Musikaneignung. In: MuG. Berlin 32 (1982) 12

WICKE, Peter
    Versuch zu einer Theorie der populären Musik. In: Unterhaltungskunst (Beilage8/1983). Berlin 14 (1983) 4/5

WICKE, Peter
    Populäre Musik und sozialistische Kultur. Theoretische und kulturpolitische Dimensionen eines sozialistischen Konzepts massenhaft vermittelter Kunstprozesse. In: Unterhaltungskunst (Beilge 6/1984). Berlin 15 (1984) 12

WULF, Joseph
    Musik im Dritten Reich. Gütersloh 1963

DISKOGRAPHIE

Nachstehende Diskogrpahie erhebt keinen Anspruch auf Vollständigkeit, da die von AMIGA übernommenen internationalen Produktionen, die den DDR-Jazz nicht betreffen, bewußt weggelassen wurden. Außerdem sei nochmals darauf hingewiesen, daß eine historische Darstellung der DDR-Jazzentwicklung durch AMIGA-Editionen nur lückenhaft möglich ist.

Diese Diskographie gliedert sich wie folgt:

1. **Dokumentationsreihe "Jazz auf AMIGA"von 1947 - 1962**
2. **AMIGA-Editionen: DDR-Jazz**
3. **Produktionen anderen Labels mit DDR-Jazzmusikern**

1. **Dokumentationsreihe "Jazz auf AMIGA" von 1947 -1962**

AMIGA STAR BAND I und II mit R. STEWART, H. ZACHARIAS, dem RBT-Orchester, dem Tanzorchester des Senders Leipzig u.a. sowie R. STEWARTS Hot Club Berlin Session
8 50852, rec. 1947/48
8 50853, rec. 1948/49

Kurt HOHENBERGER und seine Solisten
8 50854, rec. 1947-1950, 1955, 1958, 1962

RTO Berlin u.a.
8 50855, rec. 1956-1958

RTO Leipzig u.a.
8 50856, rec. 1956, 1959-1962

2. AMIGA-Editionen: DDR-Jazz

JAZZ mit den Jazzoptimisten Berlin, Ruth HOHMANN, Gery WOLFF u.a.
8 50009, rec. 1956-1962

JAZZ mit den Dresdner Tanzsinfonikern
8 50024, rec. 1956, 1958, 1960, 1961, 1962, 1963

Dorothy ELLISON - Manfred-Ludwig-Sextett
8 50047, rec. 1964

Jazz und Lyrik mit Manfred KRUG, Eberhard ESCHE, den Jazzoptimisten Berlin u.a.
8 50048, rec. 1964

Manfred KRUG und Modern Jazz Big Band 65
8 50057, rec. 1965

Jazz-Gedichte von Jens GERLACH mit F. SCHÖNFELD, Gisela MAY, Fred DÜREN u.a.
8 55149, rec. 1968

Modern Jazz-Studio Nr. 3 mit Volkmar SCHMIDT-Combo und dem Michael FRITZEN-Quintett
8 55177, rec. 1965/1967

Jazz mit dem Ensemble Studio 4
8 55187, rec. 1969

F. SCHÖNFELD, H. KATZENBEIER
8 55307, rec. 1972

U. BRÜNING und das Günther-Fischer-Quintett
8 55314, rec. 1972

Dixieland All Stars Berlin
8 55350, rec. 1973

Klaus LENZ - Modern Soul
   Big Band
   8 55380, rec. 1974

Synopsis, E.-L. PETROWSKY
   8 55395, rec. 1974

U. BRÜNING und G. FISCHER, Konzertmitschnitt
   8 55414, rec. 1974

Internationales Dixieland-Festival Dresden '74
   8 55417, rec. 1974

Klaus LENZ - Big Band '74
   8 55433, rec. 1975

Pop Jazz international mit der Gruppe Fusion, Jazzbühne '78
   8 55474, rec. 1978

Aufbruch: Klaus LENZ - Big Band
   8 55509, rec. 1976

Internationales Dixieland-Festival Dresden '76
   8 55526, rec. 1976

Retrospektive - 100 x "Jazz in der Kammer"
   8 55549, rec. 1972

Theo SCHUMANN-Friwi STERNBERG
   8 55561, rec. 1976

Big Band aktuell
   8 55568, rec. 1971, 1972, 1974, 1975, 1976

Internationales Dixieland-Festival Dresden '77
   8 55584, rec. 1977

Gruppe "FEZ"
   8 55585, rec. 1975, 1977

Kombination Günther-Fischer-Quintett
8 55598, rec. 1978

E.-L. PETROWSKY
8 55621, rec. 1974, 1976, 1977

F. SCHÖNFELD
8 55628, rec. 1978

Internationales Dixieland-Festival Dresden '78
8 55637, rec. 1978

Internationales Dixieland-Festival Dresden '79
8 55696, rec. 1979

Berliner Improvisations-Quartett
8 55717, rec. 1979

Jazzbühne Berlin '79
8 55749, rec. 1979

10 Jahre Internationales Dixieland-Festival Dresden
8 55750, rec. 1971, 1972, 1973, 1974, 1975, 1977, 1978

Ulrich-Gumpert-Workshop-Band
8 55755, rec. 1980

Modern Jazz-Studio Nr. 1/2 u.a. mit
dem Werner Pfüller-Quintett, dem Günter Hörig-Trio, dem Manfred-Ludwig-Sextett
8 50849, rec. 1956, 1957, 1961, 1962 und 1963

Traditional Jazz-Studio Nr. 2 u.a. mit den New Orleans Stompers, den Jazzoptimisten Berlin
8 50850, rec. 1954, 1960, 1962, 1963, 1964

Internationales Dixieland-Festival Dresden '80
8 55777, rec. 1980

C. BAUER, Solo-Posaune
8 55783, rec. 1980

Jazzbühne Berlin '80
    8 55800, rec. 1980

Leo SMITH - Peter KOWALD - Günter SOMMER
    8 55825, rec. 1979 in Berlin (West) in Co-Produktion mit FMP

Theo SCHUMANN und seine Gäste
    8 55829, rec. 1981

Helmut SACHSE - Hannes ZERBE
    8 55858, rec. 1981

Günter SOMMER "Hörmusik"
    8 55862, rec. 1979 in der Akademie der Künste, Berlin (West) in Co-Produktion mit FMP (FMP 10104)

Jazzbühne Berlin '81
    8 55876, rec. 1982

U. BRÜNING
    8 55896, rec. 1982

Internationales Dixieland-Festival Dresden '81/'82
    8 55968, rec. 1981, 1982

Kleeblatt Nr. 8 (Jazzformationen)
    Jazz hier und heute
    8 55983, rec. 1983

Jazz - Lyrik - Prosa
    8 55996, rec. 1965

Jazzbühne Berlin '82 und '83
    8 55987; 8 56035, rec. 1982, 1983

Bergisch-Brandenburgisches Quartett
    8 56031, rec. 1982

Hannes-Zerbe-Blechband
    8 56043, rec. 1983

Internationales Dixieland-Festival Dresden '83/'84
    8 56068, rec. 1983, 1984

Blamu Jazz Orchestrion
    8 56037, rec. 1983

Jazz hier und heute auf Kleeblatt Nr. 8 mit Bajazzo, Percussion & Strings, U. KROPINSKI u.a.
    8 55985, rec. 1983

'n Tango für Gitti, U. GUMPERT solo
    8 56073, rec. 1984

Johnny Griffin-Quartett-Live
    Jazzbühne '84
    8 56089, rec. 1985

U. KROPINSKI - solo
    8 56103, rec. 1985

Das Porträt:
    DTS, Leitung Günter Hörig
8 56182, rec. 1986

Hermann NAEHRING und Percussion & Strings
    8 56138, rec. 1985

Jazzkaleidoskop auf Kleeblatt Nr. 16 u.a. mit Yatra, Axel DONNER, Tett
    8 56141

Vienna Art Orchestra
    Jazzbühne '85
    8 56168, rec. 1985

Elefant 500
    Friwi Sternberg-Quintett
    8 56208, rec. 1986

Swinging Pool
    Pascal von WROBLEWSKI
    8 56215, rec.1986

1. Jazztage der DDR
   Weimar 1985
   8 56216, rec. 1986

Lights
   Reinhard Walter-Jazz-Projekte
   8 56221

Internationales Dixieland-Festival Dresden '85/'86
   8 56226, rec. 1985, 1986

L'Orchestre National De Jazz
   Jazzbühne '86
   8 56234, rec. 1986

Chris Hinze Combination
   Jazzbühne '86
   8 56258, rec. 1986

Kontraste
   Uschi Brüning; Ernst Ludwig Petrowski
   8 56261, rec. 1987

Axel Donner-Quartett
   8 56267, rec. 1987

Saitentriebe
   Edwin Sadowski, Toto Blanke, Wolfgang Schneider
   8 56273, rec. 1987

Sinti-Swing-Quintett
   Bei mir bist du schön
   8 56287, rec. 1986

Bajazzo
   Featuring: Pascal von WROBLEWSKI
   Fasten Seat Balts
   8 56324, rec. 1987

UNIT
    Fiedler-Eitner-Schlott
    8 56330, rec. 1988

Duo Unkrodt/Zerbe
    8 56336, rec. 1988

Licing Transition
    George Gruntz und die Radio-Big-Band Leipzig
    8 56339, rec. 1988

Choral-Konzert
    Manfred Schulze
    8 56356, rec. 1988

Jazz-Rock
Rock-Jazz
    Kleeblatt Nr. 24
    8 56360, rec. 1988

Dietmar Diesner
    SOLO
    8 56377, rec. 1988

Internationales Dixieland-Festival Dresden '87/'88
    8 56384, rec. 1987/88

The Swingin' Crew
    Dieter Keitel-Big Band
    8 56393, rec. 1989

At The Jazzband Ball
    Dixieland-Allstars Berlin & Friends
    8 56399, rec. 1989

Johannes Bauer, A. Nozati, F. van Hove
    8 56411, rec. 1989

Paris Reunion Band
    Jazzbühne '88
    8 56418, rec. 1988

Helmut "Joe" Sachse
 SOLO
 8 56425, rec. 1989

xxx - ooo
 Musik zu einem imaginären film: W. Schmiedt: J. Huke
 8 56432, rec. 1989

Conrad Bauer
 Live im Völkerschlachtdenkmal Leipzig
 SOLO
 8 56439, rec. 1989

Jazzorchester der DDR
 Leitung: Conrad Bauer; Manfred Hering (Doppelalbum)
 8 56455/456, rec. 1988; 1989

Fun Horns
 8 56478, rec. 1990

ZENTRALQUARTETT
 Petrowski; Bauer; Gumpert; Sommer
 8 56492, rec. 1990

Embryo feat. Yoruba Dun Dun Orchestra &
 El Hussaine Kili
 Jazzbühne '90
 8 56496, rec. 1990

3. Produktionen anderer Labels mit DDR-Jazzmusikern (Auswahl)

Jazz-Aspekte
  NOVA 8 85083, rec. 1973, 1975

Günter Sommer: "Hörmusik"
  FMP 10104, rec. 1981
  Aufnahmen mit
  E.-L. PETROWSKY/G. SOMMER:

  - Clarinet Summit Live, MPS 0068.251, rec. 1979
  - George Gruntz Concert Jazz Band, MPS 88.051
  - Selbdritt, FMP, rec. 1980
  - Versäumnisse, FMP 0740, rec. 1979
  - Touch The Earth, FMP 0730/AMIGA 8 55825, rec. 1979
  - Snapshot. Jazz Now/Jazz aus der DDR. Außerdem mit dem Berliner Improvisations Quartett, U. GUMPERT, M. SCHULZE, A. ALTENFELDER, F. SCHÖNFELD, D. KEITEL, M. HERING, H. FORSTHOFF, J. BAUER, K. KOCH, H.-J. GRASWURM, E. WEISE, H. WINKLER, H. REMPEL u.a., FMP, rec. 1981

Just For Fun u.a. mit C. BAUER, K. KOCH, E.-L. PETROWSKY
  FMP 0140, rec. 1973

Auf der Elbe schwimmt ein rosa Krokodil u.a. mit
  C. BAUER, U. GUMPERT, E.-L. PETROWSKY, G. SOMMER
  FMP 0240, rec. 1974

Number six u.a. mit C. BAUER, H.-J. GRASWURM, K. KOCH, E.-L. PETROWSKY, F. SCHÖNFELD, G. SOMMER

The Old Song u.a. mit G. GUMPERT, M. HERING, G. SOMMER
  FMP, rec. 1973

Re-Union mit K. KOCH
  CBS, rec. 1965

PERSONEN- UND FORMATIONENREGISTER

A

ADAMS, George	77, 82
AIGMÜLLER, Andreas	49
Akira-Sakata-Trio	77
All Stars (L. Armstrong)	46, 138
ALTENFELDER, Andreas	63, 91
ALTMANN, Ludwig	18
ALTMANN, Warnfried	88
ALTSHUL, Barry	82
ALVARADO, Iliana	82
Amiga-Star-Band I und II	25
ANDERS, Hermann	31, 49, 94
ANDERSON, Ray	65
Andreas-Altenfelder-Quintett	59
Antal-Lakatos-Quartett	82
APPLETON, Joe	25
Archangelsk	81
ARMSTRONG, Louis	14, 15, 19, 46, 61, 108, 135, 138
Art Ensemble of Chicago	73
Arturo Sandroval Gruppe"	81
ASRIEL, Andre	14, 28, 107
AUER, Vera	24
Axel Donner Quartett (Quintett)	74, 81, 87, 97, 119

B

BAER, Marianne	87, 94
BAILEY, Derek	77
BAILEY, Mildred	14
Bajazzo	71, 81, 87, 97
BALL, Kenny	66
BARBER, Chris	66, 112
BARESEL, Alfred	16
BARLACH, Ernst	17
BARNET, Charlie	135
BARTEL, Walter	22, 31, 94, 132
BASIES, Count	74. 136
BAUER, Conrad	31, 42, 43, 49, 50, 61, 62, 73, 74, 78, 85, 87, 91, 94, 101, 120, 125
BAUER, Johannes	61, 74, 78, 81, 85, 93
BAUMERT, Fred	45
BAUSCHKE, Eberhard.	107
BECKER, Heinz (tp)	44, 49, 61
BECKER, Heinz (fl)	67
BECKETT. Harold	82
BEDNAREK, Jacek	60, 82
BEHM, Michael	94
BEHRSING, Hartmut	31, 67, 91
BEIDERBECKE, Bix	14
BEILFUSS, Jörg	94
BELL, Carry	71
BELL, Lurri	71
BENNINK, Han	77
BERENDT, Joachim Ernst	21, 25, 132
Bergisch-Brandenburgisches Quartett	91
BERKING, Willy	24
Berlin All Stars	24
Berliner Blechbläser-Quintett	93
Berliner Dixieland All Stars	45
Berliner Improvisations-Trio	78
Berliner Improvisationstrio und -quartett"	55
BERRY, Hans	24, 25
Betu	98
Bibi Doran's Funkjazzband	72
BIELKE, Detlef	94, 98
BIER, Ernst	82
Big Band des Tschechoslowakischen Rundfunks	77
Big-Band-Variation	87, 98
BINDER, Koroly	82
Black Box	98
BLAKEY, Art	77, 81
Blamu Jazz Orchestrion	67
Blechband (Zerbe)	86, 87
BLEY, Carla	65, 92
BLITZSTEIN, Marc	135
BLOBEL, Ulli	59, 60
BLOCH, Ernst	39
Blue Music Brothers	27, 28
Blue Wonder Jazzband	72, 138
BLUME, Alexander	88, 94

161

BLÜTHNER, Hans	21
BLYTHE, Arthur	81, 82
Boheme-Sextett	27
BOHLÄNDER, Carlo	25, 108, 135
Bosko	66
Bossa-Nova-Quartett,	45
BOWIE, Lester	77, 81
BRANCH, Billy	71
BRAND, Abdullah "Ibrahim-Dollar"	77
BRANDT, Willy	66
BRAUER,, Jochen	24, 25
BRAXTON	77
BRECHT, Berthold	17
BREUER, Hermann	82
BREUKER, Willem	73
BROECK, Rob van den	82
BROM, Gustav	26
BRÖTZMANN, Peter	25, 59, 73, 74, 82
BRT Tanzorchester	77
BRUBECK. Dave	22, 39
BRÜNING, Uschi	45, 71, 77, 93, 139
BUSCH, Ernst	17
BUSCH, Siggi	71
BUSCHMANN, Glenn	24
BÜCHNER, Eberhard	139
BYL, Franz de	77

C

CAGE, John	85
CARTER, Betty	77
CENTAZZO, Andrea	82
CEPHAS, "Bowling Green John"	71
CHARIG, Mark	73
CHEMIRANI, Djamchid	82
Chicago Blues Generation	71
Chikago-Wuppertal-Dresden-Trio	62
Chinchilla	98
CHRISTIAN, Charlie	24
Christian-Pittius-Quintett	98
CHRISTOF, Angela	88, 94
CLARKE, Conny	21
CLARK, John	65
CLIFTON, Michael	92
COLEMAN, Ornette	40
Collage	88

College	67, 87, 88, 97, 119
Collegium Musikale	27
COLTRANE, John	97
COLYER, Ken	66, 112
Conrad-Bauer-Quartett	78
CORA, Tom	66
COREA, Chick	94
COWELL, Henry	85
CRAMER, Heinz	25
Crusanders	94
Curlew	66
CUTLER, Chris	82
CYRILLE, Andrew	82

D

DAGRADI, Tony	65
DANNENBERG, Joachim	31
DASEK, Rudolf	59, 82
DAUER, Alfons M.	108
DAVIS, Miles	21, 24, 88
DEBUSSY, Claude	134
DEFA-Sinfonieorchester	62
DEHLER, Wolfgang	67
DEKA-dance	88, 98
DEMMLER, Kurt	72
DENEW, Ljubomir	77
DESSAU, Paul	17, 93
DESZÖ, Csaba	60
Deutschen Tanz- und Unterhaltungsorchester (DTU)	18
DIESNER, Dietmar	85, 87, 93, 98
Dieter-Keitel-Big-Band	87
Dieter-Keitel-Swingin'-Crew	67
DIETRICH, Marlene	16
Distrikt Six	81
DITTRICH, Michael	71
DITTRICH, Paul Heinz	62
DIX, Wolfram	81, 94
Dixieland Allstars Berlin	67, 73, 91
Dixieland Stompers	72
DOBBERSCHÜTZ, Regine	71, 92, 94
DOBROWOLSKI, Günter	49, 50
DOBSCHINSKY, Walter	24, 25
DOHANETZ, Steffen	78
DOLDINGER, Klaus	25, 59

DONNER, Axel "Keith"	78, 94, 97, 119
Doppelmoppel	74, 87, 98
DORAN, Christy	82
DORSEY, Jimmy	14
Dr.-Umezu-Band	82
DRECHSEL, Karlheinz	32, 64, 67, 92, 106, 107, 137
DRECHSEL, Ulf	64
Dresdner Orchester	25
Dresdner Tanzsinfonikern (DTS)	26, 45, 47, 87, 93
Duke-Ellington-Orchestra	92
Dun Dun Orchestra	81
Dunkel-Hell-Lila	98
Duo A. von Schlippenbach - P. Lovens	77
Duo Couturier-Celea"	82
Duo für Stimmband und Bambusblatt	93
Duo Moss - Rose	77
Duo Saarsalu-Winzkiewicz	77
Duo Sachse - J. Bauer	81
Duo Waldron - Lacy	77
DURHAM, Jimmie D.	86
DVORAK, Zdanek	82

E

East Asia Orchestra"	77
Eberhard-Weise-Big-Band	87
Eberhard-Weise-Combo	31
EDELHAGEN, Kurt	24
EDWARDS, Archie	71
Edwin-Sadowski-Trio und -Quartett	98
EGLI, Hans-Peter	101, 125
EICHENBERG, Walter	23. 25
EISLER, Hans	17, 54, 85, 86, 93
EITNER, Gerhard "Charlie"	71, 72, 81, 87, 88, 94, 98, 119
Elb Meadow Ramblers	32, 45
ELDRIDGE, David Roy	22
ELGART, Billy	71
ELLINGTON, Duke	14, 15, 24, 25, 74, 135
ELLINGTON, Marcer	92
ENDO, Tadaski	82

Engerling-Blues-Band	67, 98
Ergo	71, 98
ESSBACH, Michael	94
ESCHE; Eberhard	31
ETTE, Bernhard	15
European Jazz Ensemble	78
European Quintett	77
EVANS, Margie	71, 136
Evidence	98
Exis	49

F

FARMER, Art	77
Fata Morgana	98
FAUY, Richart	82
Ferdinand-Havlik-Band	66
Fessor's Big City Band	66
FEZ	50
FIEDLER, Lothar	94
FIEDLER, Wolfgang	71, 78, 87, 94, 98, 119
Fine + Scheuerecker	88
FISCHER, Günther	43, 44, 45, 56, 61, 120, 138
FISCHER, Horst	25
FISCHER, John	82
FITZGERALD, Ella	22, 46, 61
FLEISCHER, Fips	25
FLEMMING, Jürgen	94
FLÜGGE, Herbert	106, 138
Follies	15
FORSTHOFF, Helmut	49, 61
FOWLKES, Curtis	66
FÖRSTER, Volkmar	86, 87
FRANK, Hans-Joachim	88
FREEMAN, Choco	81
FRICK	16
Frieder W. Bergner-Projekt	88
Friedhelm-Schönfeld-Trio	42, 47
FUCHS, Wolfgang	73
FUHLISCH, Günter	24
Fun Horns	81, 87, 97
FUSH, Julian	15
Fusion	59, 74, 77, 87, 97, 98, 119

163

G

GAITZSCH, Steffen	94
Gamelang Combo	24
GANELIN, Wjtscheslaw	56
GAUER, Bill	21
GAYER, Kathrin	67
GAYLE, Charles	82
GAYNIER, Wilton	82
GÄBLER, Rainer "Mäcky"	67
GEISSLER, Fritz	134
GELD, Tom van der	71
GELLER, Herb	67
George-Gruntz-Concert-Jazz-Band	91
Gerhard-Stein-Combo	45
GERLACH, Jens	31, 108
GETZ, Sten	56
GIBBS, Melvin	66
GILLESPIE, Bizzy	21, 24, 66, 77
GISMONTI, Egberto	82
GLADOWSKI, Czeslaw	60
GLEASON, Ralph	132
GLAETZNER, Burkhard	86
GLAWISCHNIG, Dieter	60, 82
GLEICHMANN, Jochen	49
GLENN, Tyree	135
Globe Unity Orchestra	59, 91
GLUSGAL, Ilja	24, 25
GOEBBELS, Joseph	18
GOLLASCH, Günter	49, 93
GOMEZ, Eddi	56
GOODMAN, Benny	24, 135
GÖHRS, Peter	94
GRAFF, Hans	15
GRANZ, Norman	21
GRAPPELLYS, Stephane	98
GRASWURM, Hans-Joachim	44, 45, 85, 91, 136
GREENE, Burton	82
GREGER, Max	24
GREISER, Wolfgang	45
GRIER, Ed	66
GRIFFIN, Jonny	77
Großes Rundfunkorchester Berlin	66
Großes Tanzstreichorchester	107
GRÖHNING, Peter	50, 94
GRUNDIG, Lea und Hans	17
GRUNDY, Richey	136
GRUNTZ, George	78
Gruppe Junge Musik	85
Gruppe Teskoff	98
GUMPERT, Ulrich	43, 44, 45, 49, 50, 54, 55, 59, 72, 73, 74, 78, 87, 91, 93
Gustav-Schuster-Combo	98
Gustav-Schuster-Quartett	87
Günther-Fischer-Band	67
Günther-Fischer-Quartetts	47
Günther-Fischer-Sextett	67, 71, 77, 87, 97, 119, 138

H

HACK, Peter	28
HAGER, Kurt	55
Hallenser Dixieland-Jazzband	27
HAMMOND, Doug	60, 82
HAMMOND, John	21
HAMOWSKY	17
HAMPEL, Gunter	77, 82
HANCOCK, Herbie	94
HANELL, Robert	66
Hannes-Zerbe-Blech-Band	87
Hannes-Zerbe-Quintett	93
HARRINGTON, Jan	67
HARRIS, Beaver	82
HARTIG, Lothr	94
HARTMANN, Horst	25
HARTMANN, Walter	25, 45
HASLAM, Georg	82
HAUSMANN, Iven	87, 94, 98
Havel Town Stompers	45
HAYNES, Francis	82
HÄNDELS, Georg Friedrich	85
HECKEL, Jürgen	78, 94
HENDERSON, Fletcher	15, 74
HENKELS, Kurt	25
HERBOLZHEIMER, Peter	78
HERCHENBACH, Bernd	94
HERING, Manfred	31, 50, 61, 78, 81, 101
HERMAN, Wendy	92
HESSE, Joachim "Hermann"	87, 94, 98

HILL, "Blind" Joe	136
HILL, Richard	66
HINDEMITH, Paul	135
HIPP, Jutta	24
HIRT, Erhard	73
HOF, Jasper van't	59, 77
HOFFMANN, Clemens	88
HOFFMANN, Martin	93
HOHMANN, Ruth	31, 45, 67
HOLLER, Karl-Heinz	108, 135
HOLIDAY, Billie	135
HOLUJ, Tomasz	60
HORRICKS, Raymond	132
HORVATH, Lajos	82
Hotclub Combo	24
Hotclub Sextett	24
HOVE, Fred van	55, 59, 73, 77
HÖRIG, Günter	25, 26, 45, 93
Hubert Katzenbeier Quintett	49
HUKE, Jörg	88
HÜBNER, Steffen	98

I

Igor-Brill-Quintett"	82
ILJEW, Wladimir	88, 124
INDERHEES, Carlo	98
INO, Nobuyoshi	82
Intercityband	88
Interjazzorchester (IJO)	61
IVES, Charles	87, 93

J

JACOB, Jaqueline	87, 94, 97
JANKA, Walter	37
JANNINGS, Emil	16
JARMATZ, Thomas	94
JARY, Michael	18, 24
Jazz-Assoziation	87, 98
Jazz Brothers	98
Jazzcollegium	45, 67
Jazz-Copators	27
Jazzensemble Studio IV	44, 46, 61, 77, 104
Jazzoptimisten Berlin	22, 27, 28, 31, 67, 132
Jazzoptimisten Sonneberg	73, 98
Jazz Passengers	66
Jazz-Studio Big Band	82, 98
Jazzterday	87
JÄGER, Norbert	94
JEANEAU, Francois	136
Jenaer Dixieland Stompers	67
Jenaer Oldtimers	27
JEROSCH, Otto	67
Joachim-Dannenberg-Sextett	27
Joachim-Kühn-Trio	46
Joe-Wick-Orchester	24
JOHANNSON, Sven Ake	59, 60
Johansson-Ahvenlathi-Quintett	77
Jonathan	67
JONES, Thad	78, 136
JOST, Ekkehard	82
Jürgen-Heider-Sextett	27

K

KACZMAREK, Zygmunt	60
KARL, Rüdiger	60
Karl-Neuss-Sextett	27
KARPA, Günther	45
KASPAR, Macky	24, 25
KATZENBEIER, Hubert	31, 42, 44, 49, 61
KATZER, Georg	62
KEITEL, Dieter	67
Keitel-Big-Band	88
KEITH, Al	136
KELLER, Hermann	55, 78, 85, 87
KELLER, Willi	92
KENTON, Stan	35
KIMURA, Norico	72
King Übü Orchestrü	74
Klaus-Lenz-Band	77
Klaus-Lenz-Sextett	44
KLEMM, Thomas	67, 87, 88, 97, 98, 119
KLINKER, Eberhard	49
KNAUTH, Ernst	33
KNEPLER, Georg	35
KOCH, Klaus	42, 43, 44, 46, 49, 61, 73, 85, 86, 87

KOCH, Peter	88
KOLLER, Hans	24, 59
KOLLWITZ, Käthe	17
KOMEDA, Krzysztof	46
Komeda-Memorial-Konzert-Ensemble	61
KONEN, Valentina D.	35, 132
KOWALD, Peter	60, 62, 82
KÖRNER, Konrad	31, 45, 49, 67, 91
KRATOCHVIL, Martin	60
KRENEK, Ernst	135
KRETZSCHMAR, Heinz	25
KRIEGEL, Volker	59
KROG, Karin	77
KRONENBERG, Günter	25
KROPINSKI, Uwe	74, 78, 97
KRUG, Manfred	31
KRUPA, Gene	135
KUBACH, Gerhard	97
KUDRITZKI, Horst	24
KUNERT, Thomas	97
KURTIS, Milo	60
KÜHN, Joachim	42, 73
KÜHN, Rolf	25
KÜHNE, Matthias	97
KÜHNEL, Peter	97
KWIATKOWSKI, Fine	86, 87

L

LAARTZ, Gerhard	49
LACY, Steve	56
LAIS, Detlef	24
LAKATOS, György	78
LAKOMY, Reinhard	44
LAMPARTER, Omar	24
LANG, Eddie	14
LANGE, Hans-Peter	97
LANGE, Wolfgang	139
Lauren Newton Trio	81
LAWSON, Yank	67
LEE, Lance	136
LEE, Jeanne	77, 82
LEHMANN, Theo	108
LEHN, Erwin	24
LEIMGRUBER, Urs	82
LENZ, Klaus	43, 44, 45, 50

LENZ, Teddy	24, 25
Lenz-Band	45
Leo-Wright-Quintett	61
Lessés Collage	98
LEVINE, Carin	85
LEWIS, George	91
LEWIS, Victor	65, 82
LIGHTSEY, Kir	81
LINDNER, Heinz-Jürgen	108
LINZER, Martin	46, 64, 101, 136
LIPPMANN, Horst	21
Loft-Line	88
Loose Tubes	78
L'Orchestre National de Jazz	74, 98, 136
Los Angeles Pour	77
LOVENS, Paul	59, 65
Lubo D-Orio	24
LUDWIG, Marcus	97
LUTOSLAWSKI, Witold	85
LUTTER, Adalbert	107
LÜBKE, Gerd	49, 50
LÜNING, Meinhard	31
LYTTON, Paul	73, 82

M

MAAS, Joachim	46
MACK, Udo	97
Mahavishnu Orchestra	94
MAKOWICZ, Adam	59
MALFATTI, Radu	73, 82
MALSON, Lucien	132
Manfred-Ludwig-Sextett	31, 44, 46
Manfred-Schulze-Bläserquartett	74
MANGELSDORFF	82
MANGELSDORFF, Albert	24, 56, 59, 73, 82
MANGELSDORFF, Emil	21, 24
MANN, Heinrich und Thomas	17
MANTLER, Michael	65
MARTINEZ, Conrad	25
Marvin-Hannibal-Peterson-Quartett	82
Masqualero	78
MATTHUS, Siegfried	93
MAXWELL, Clinton	25
McBEE, Cecil	81

McCALL, Cash	136
McGREGOR, Chris	82
McINTYRE, Earl	65
McLAUGHLIN, John	94
Media Nox	87, 98
MENESES, Jim	82
MERZ, Max	18
METAG, Peter	59
METAXAS, Konstantin	25
MEYER, Ernst Hermann	34
MICHAELIS, Kurt ("Hot Geyer")	25
MICHAILOW, Peter	97, 98
MICHEL, Manfred	67
Mike-Westbrook-Brass-Band	82
Milan-Swoboda-Quartett	82
MILIAN, Jerczy	49
MILLER, Glenn	23, 25, 112
Mindrila Quartett	81
Miracle Room Trio	66
Modern-Blues-Sextett,	45
Modern Soul Band	45, 49
Modern Soul Big Band	50
MONK, Thelonius	21, 24
MORITZ, Thomas	97
MOTHLE, Ernest	82
MOTIAN, Paul	74
MOUZON, Alphonse	82
MOYE, Don	81
MÖSLANG, Norbert	73
MR. ACKERBILK	66, 112
Mr. Adapoe	88
Mr. Rolands's Jazzin Kids	45
MULLIGAN, Gerry	22
MURRAY, Elisha "Eli"	71
Musica Juventa	72
MUTH, Wolfgang	135
Musikbrigade	98
MÜHSAM, Erich	17
MÜLLER, Torsten	65
MÜLLER, Werner	24
MÜLLER-STAHL, Armin	31
Myra Malford Trio	66

N

NAEHRING, Hermann	78, 87, 97
NAMYSLAWSKI, Zbigniew	59
NATHASON, Roy	66
New Phantastic Art Orchestra of North	88
New-Orleans-Jazz-Band	27
New-Orleans-Syncopters	66
NICOLOVIUS, Frank	97
NIEBERGALL, Johannes "Buschi"	82
NIEMANN, Christoph	49, 50
NKETI, Nana Twum	82
NOGLIK, Bert	64, 108
NOKOLOV, Wesselin	60
Norddeutsche Improvisations- und Klangorchester	91
NORDENSKJÖLD, Rolf von	97
NOWODWORSKI, Klaus	49

O

O'BRYAN, Ponda	82
OECAL, Burham	77, 78
OKI, Itaru	82
OLIVER, Jay	82, 92
OLTERSDORF, Heinz	25
OPPENHEIMER, Günther	25
Orchester Vielharmonie	81
Orchester Walter Eichenberg	93
Original Dixieland Jass Band	13
Original Excentric Band	15
Original-Dixies	26
Ornette Coleman Septett	81
Osjan	82
OSTASZEWSKI, Jacek	60
OXLEY, Tonz	74, 82

P

Papa Binnes Jazzband"	28, 45, 138
Papa-Bues's-Viking-Jazzband	92
PAPADIMITRIOU, Sakkis	77
PAPE, Hanjo	91
Paris Reunion Band	81
PARKER, Charlie	21, 24, 33
PARKER, Evan	59
PARKER, Horace	77

PASCHY, Reiner	49
PASSAGE, Henry	25
PEGE, Aladar	60, 73, 82
PENDERECKI, Krzysztof	85
Percussion and Strings	98
PETERSON, Marvin Hannibal	65
PETERSON, Pat	77
PETROWSKI/BRÜNING (Duo)	88
PETROWSKY, Ernst-L. "Luten"	31, 42, 44, 46, 49, 50, 53, 59, 61, 73, 78, 85, 86, 87, 91, 93, 120, 123
Petrowsky-Sextetts	120
Petrowsky-Trio, -Quartett und -Sextett	49
Petrowsky-Trio	61
PETZOLD, Dietrich	97
PETZOLD, Frank	97
PFÜLLER, Werner	81
PHILLIPS, Barre	82
PIEPER, Andreas	49
PIETSCH, Gina	72
PITTIUS, Christian	97
PLENZDORF, Ulrich	49
POHL, Manfred	97
PRABKIN, Allan	82
Prager Big Band	77
PREVOST, Eddi	82
Prima Klima	87, 98
Pro Art	71
PROTZMANN, Henning	44

Q

Quintett 61,	44
Quintetto des Maria Joao	82

R

RAAYMAKERS, Boy	60
Radio Big Band Berlin	74, 77, 78, 93
Radio-DDR-Combo	31
RASCHKE, Frank	88, 97
REICHEL, Hans	59
REICHELT,, Rolf	64
REICHELT, Steffen	97
Reinhard-Walter-Trio und -Quartett	98
REINHARDT	19
REINHARDT, Django	15, 98
REMLER, Emely	77
REMPEL, Hanno	62, 78, 85
Rempel-Nonett	88
Return To Forever	94
RIBOT, Marc	66
RICHTER de VROE, Nico	93
RIEDEL, Rainer	31
RIERMEIER, Albrecht	82
RILEY, Carlos	25
RIVERS, S.	82
ROACH, Max	21, 77
ROBINSON, Perry	82
Rolf-Kühn-Quartett	45
ROSAY	67
ROSENBERG, Manfred	62
ROSENHAIN, Siegurd	107
ROWE, Hahn	66
RTO Berlin	25, 49
RUCKER, Sparkey	136
RUDORF, Reginald	25
Rundfunktanzorchester des Berliner Rundfunks	25
Rundfunktanzorchester Leipzig	25
RUTHERFORD, Paul	59, 82
RUTUES, Moses jr.	71
RÜEGG, Mathias	82

S

SAALMANN, Günter	72, 87
SACHSE, Helmut "Jo"	49, 59, 72, 74, 78, 81, 87
SADOWSKI, Edwin "Eddie"	97
Salamander	77
SALEH, Jens	78, 97, 98
Sam-River's-Rivbea-Orchestra	77
SANNENMÜLLER, Matthias	86
SATIE, Eric	54, 93
SAUER, Heinz	24
SAUER, Wolfgang	24
SAUNDERS, Theodore	65
SAUTER, Jim	82

SAVAGE, Rock	66	SHAW, Woody	81
Savoys-Synkops-Band	14	SILL, Otto	107, 108
SAX, Adolphe	19	Sinti Swing Quintett	72, 87, 98
SCHACHTNER, Heinz	24	SKIDMORE, Alan	82
SCHARNWEBER, Karl	88	SLAGLE, Steve	65
SCHÄTZKE, Hans-Georg	31, 45, 49, 67, 91	SLAWE, Jan	25
SCHEIBE, Günter	67	SMITH, Bessie	135
SCHENKER, Anke	88	SMITH, Leo	62
SCHENKER, Karl Friedrich	62	SOK	49
SCHICKE, Thomas	97	SOMMER, Günter "Baby"	31, 42, 43, 49, 50, 61, 62, 71, 72, 73, 74, 78, 85, 86, 87, 88, 91, 101, 120
SCHLEIERMACHER, Steffen	85		
SCHLIPPENBACH, Alexander von	25, 59, 60, 78, 81, 82, 91	SOUBERAYN, Jean	28
		SPENDEL, Christoph	77
SCHLOTT, Volker	71, 78, 87, 97, 98	Splash	97, 119
SCHLÜTER, Wolfgang	77	STACHE, Erwin	81, 97
SCHMIDT, Volkmar	31	STANKO, Tomasz	59, 73
SCHMIDT-JOOS, Siegfried	67	STEARNS, M.	103
SCHMIEDEL, Gottfried	108	STEIG, Jeremy	56
SCHMIEDT, Wolfgang	88, 97, 98	STEPHENSON, Louis	25
SCHMITT, Walfriede	86	STERNBERG, Friwi	45
SCHNEIDER, Wolfgang "Zicke"	45	STEWART, Rex	25
SCHNEIDER, Hans	73	STOLLE, Ralf	81, 97
SCHNEIDER, Hans-Wolf	25	STRAWINSKY, Igor	135
SCHOCK, Reiner	97	String Connection	77
Schock-Trio	88	STRUCK, Wolfgang	78
SCHÖNBERG, Arnold	54, 85	Sun Ra Arkestra	74
SCHÖNFELD, Friedhelm	31, 42, 43, 56, 73, 77	SUNSHINE, Monty	112
		SUPPAN, Wolfgang	25
SCHÖNHERR, René	97	SURMAN, John	77
SCHRAMM, Manfred	49	SÜVERKRÜP, Dieter	24
SCHRÖDER, Rudi	82	SWALLOW, Steve	65
SCHULZ-KOEHN, Dietrich	21	Swing Band des Berliner Rundfunks	25
SCHULZ-REICHEL, Fritz	25	Swing Quartett Berlin	67
SCHULZE, Manfred	31, 42, 43, 44, 55, 59, 73, 81, 85, 87, 93	Synopsis	49, 50, 77, 78, 87
		SZABADOS, Gyögy	77
Schulze-Bläser-Quintett	88		
SCHUMANN, Coco	24	**T**	
SCHWEIZER, Irene	60, 73, 77		
SCHWINN, Ulrich	93		
Scofield Trio	81	TACK, Torsten	97
SEIBER, Mátyás	16	TAKASE, Aki	81, 82
SEIFERT, Zbigniew	59	TCHICAI, John	60, 73, 77, 82
SELL, Michael	85	TCHICAI	82
SELLHORN, Werner	27, 64	TEAGARDEN, Jack	14
Serene	65	TH-Combo	27
SHARROCK, Sonny	66	The Group	77

The Jazz Messengers	81
The Leaders	81
Theo-Schumann-Combo	31
Theo-Schumann-Quartett.	32
THOMAS, James "Son"	71, 136
THOMAS, John	82
THOMAS, Joseph "Joe"	136
THOMPSON, Barbara	77
TIPPETT, Keith	92
TORNEV, Robert	49
Tower Jazzband	28, 45, 67
TRACY, Stan	77
Trilok Gurtu Group	81
TROGISCH, Michael	71
TSCHAKELT, Alfons	27
TSCHISCHIKI, Leonid	56
TUCCI, Dudu	82
TUDIKA, Jörg	72

U

U.-Gumpert-Workshop-Band	59, 61
ULMER, James "Blood"	77, 82
UNGER, Gert	81, 97
Uni-Jazzband Halle	45
Upside-Downside	88
URBANIAK, Michael	77
Urs-Blöchlinger-Sextett	77
Uwe Kropinski-Quartett	98

V

VARESE, Edgar	85
VAUGHN, Sarah	135
VESALA, Edward	82
Vielharmonie	88
Vienna Art Orchestra	77, 82
VIERA, Joe	25
VINSON, Eddi "Cleanhead"	136
Vocal Summit	81
VOERKEL, Urs	60
Volker-Schlott-Quartett	88, 98

W

Wacholder	72
WACHSMANN, Phil	73
WAGNER, Dieter	132
WALDRON, Mal	56, 82
WALTER, Karl	23, 25
WALTER, Reinhard	74, 78, 87, 97
WALTHER, Henry	97
WARREN, Peter	82
WATSON, Eric	65
WATTS, Trevor	77, 82
WAUER, Hans-Günther	71, 86, 87
Weather Report	94
WEBER, Vince	82
WEBER, Wolfgang	86
WEBERN, Anton	85
WEFELMEYER, Bernd	31
WEILL, Kurt	54
WEINTRAUB, Steffan	15
Weintraub Syncopators	15
WEISE, Eberhard	31, 42, 44, 78
WEISSENFELS, Sabine	78
Weißensee-Sextett	27
WEIZ, Angelika	67, 71, 139
WELSH, Alex	66
Werner-Pfüller-Quartett	31, 87
WHITEMAN, Paul	14
WICKE, Peter	108
WIEDEMANN, Eric	132
WIGGINS, Phil	71
Willem-Breuker-Kollektief	66, 91, 92
WILLIAMS, Davey	66
WILLIAMS, J.W.	71
WILLIAMS, Roy	67
WINCKEL, Christoph	88
WINKEL, Torsten	82
WINKLER, Wolfgang "Büchse"	44, 45, 49, 91
WOLF, Gerry	31
Wolfgang-Fiedler-Sextett	78
Wolfgang-Fiedler-Trio	92
Wolfgang-Schneider-Trio	71, 93
WONNEBERG, Alfons	31, 93, 137
WOODING, Sam	14
WOSTON, Norma	82
WROBLEWSKI, Pascal von	67, 74, 78, 81, 87, 88, 97, 98
WÜNSCHER, Marianne	31
WÜRZEBESSER, Horst	67
WÜRZEBESSER, Mario	97, 98

Y

YAMASHITA, Yosuka	77
Yamashita-Trio	73
Yatra	98
YOUNG, Lester	24
Young Blues Thrillers	136

Z

ZACHARIAS, Helmut	24, 25
ZAHN, Dieter	86
ZAWINUL, Joe	94
Zentralquartett	78, 87
ZERBE, Hannes	50, 63, 78, 86, 87, 88, 93
ZGRAJA, Krzysztof	60, 82
ZIEGENRÜCKEN, Wieland	108
ZIMMERLIN, Alfred	73
ZORN, John	66

SCHIMPER *Jazz*

Der authentische Jazz, seine Geschichte und sein didaktischer Aufbau sind Themen unserer Musikliteratur, die der international bekannte Gitarrist und Musikpädagoge Werner Pöhlert betreut. Nach der erfolgreichen Einführung in die Jazzgeschichte „100 Jahre" liegt nun der zweite Band dieser Reihe vor – das „Poster zur Pöhlertschen Grundlagenharmonik" mit Begleitheft. Die Grafiken zeigen die wesentlichen musikalischen Bausteine. Die grundlegenden Elemente der Harmonik und Melodik werden anschaulich dargestellt. Das Begleitheft bringt auf seinen 64 Seiten ausführliche Erläuterungen zu den einzelnen Bildern und zeigt deren praktische Anwendung auf den verschiedenen Instrumenten. Weitere Ausgaben zur Schule des authentischen Jazz befinden sich in Vorbereitung.

K. F. Schimper-Verlag
6830 Schwetzingen
Scheffelstraße 55
Telefon (06202) 205-600
Telefax (06202) 205-690

Werner Pöhlert – JAZZ: 100 JAHRE
Die Geschichte des authentischen Jazz vom Blues bis zum Free-Jazz der 60er Jahre

80 Seiten, 21 Abbildungen,
Format 21,5 × 27,5 cm,
Festeinband kartoniert.
ISBN 3-97742-039-7   **DM 20,00**

Werner Pöhlert – JAZZ: POSTER ZUR PÖHLERTSCHEN GRUNDLAGENHARMONIK
mit Anleitungen für Gitarre, Baß, Keyboard sowie alle Melodie- & Einzeltoninstrumente

64 Seiten, zahlreiche Grafiken,
Format 21,5 × 27,5 cm,
Festeinband kartoniert.
ISBN 3-877742-040-0
**Begleitheft ohne Poster DM 12,80
incl. Poster DM 20,00**

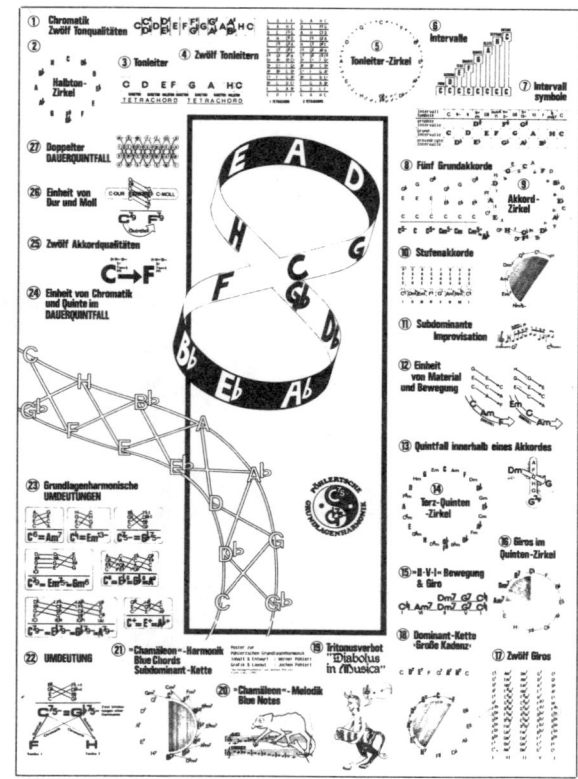

Poster, 4farbiger Irisdruck, Format DIN A 1.
ISBN 3-87742-047-8   **ohne Begleitheft DM 10,00**

DER ANDERE BLICK

Freitag

Die Ost-West-Wochenzeitung

**Ab sofort am Kiosk.
Jeden Freitag, für DM 2,50.**

Oder 6 Wochen für DM 10,− (nur Vorkasse)
Vertrieb Freitag · Postfach 360 520
W 1000 Berlin 36

Paul Bernhard:
Jazz – eine musikalische Zeitfrage
3-927355-00-3   DM 16,–

Viola Edelhagen:
Die Big Band Story
3-927355-01-1   DM 20,–

Joachim Holzt-Edelhagen:
Jazz-Geschichte(n)
3-927355-04-6   DM 28,–

Gerhard Klußmeier:
Benny Goodman und Deutschland
3-927355-03-8   DM 35,–

Joachim Holzt-Edelhagen:
Das Orchester Kurt Edelhagen
3-927355-06-2   DM 34,–

VERLAG
eisenbletter & naumann
Berger Straße 168
6000 Frankfurt 60
069 / 49 97 92

seit 1987...

JAZZTHETIK - Zeitschrift für Jazz und Anderes - erscheint 11 mal im Jahr mit einem Innenteil von mindestens 64 Seiten...

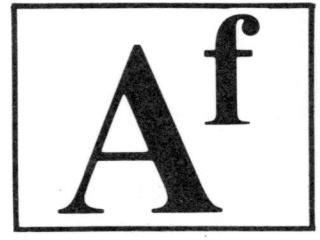

Jazzforschung...

Interviews...

Essays...

Fotografien...

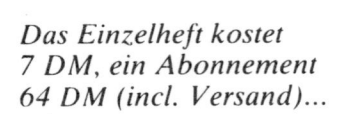

Hans Kumpf

Das Einzelheft kostet 7 DM, ein Abonnement 64 DM (incl. Versand)...

Dokumente...

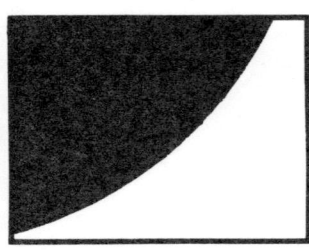

Rezensionen...

Diskussionen

Bestellungen an:
JAZZTHETIK,
Soester Str. 46,
4400 Münster

das Jazzmagazin Deutschlands

JAZZTHETIK
Zeitschrift für Jazz und Anderes

auch am Kiosk...

sounds & facts

- Bruce's Fingers
- Creative Works Records — The Sound of Surprise
- OREOS Collection Jaxx
- CMP Records
- JazzHaus Musik
- FMP — Free Music Production Records
- sound aspects — the freedom of expression
- Jardis Records
- hat
- hannibal
- wolke

u v m.

kostenlosen Katalog anfordern!

jazz per Post

Bücher- & Plattenversand
Klaus Wiedenhöft
Carl-von-Ossietzky-Straße 30
Chemnitz
D - 9023

JAZZ PODIUM

Die Zeitschrift für den Jazzfreund

Aktuelle Berichte von der Szene · Musikerporträts · Interviews · Musikwissenschaft · News · Schallplatten- und Buchbesprechungen · Konzert- und Festivalberichte · Tourneedaten · Hinweise auf neue Jazzplatten · Rundfunk-, Club- und Festivalprogramme

Dies und eine Vielzahl weiterer Informationen — kurz alles, was für den Jazzfreund wissenswert ist — finden Sie im JAZZ PODIUM, der einzigen seit 1952 bestehenden deutschsprachigen Jazz-Monatszeitschrift.

Möchten Sie das **JAZZ PODIUM** einmal kennenlernen? Dann fordern Sie einfach bei uns ein kostenloses und unverbindliches Probeexemplar an!

Oder Sie bestellen gleich ein preisgünstiges Jahresabonnement, dann bekommen Sie das **JP** regelmäßig zu Beginn eines Monats frei Haus zugeschickt!

Preis für ein Jahresabonnement incl. Porto: DM 46,20 (Inland)
DM 58,30 (Ausland)

Ihre Zuschrift erreicht uns unter folgender Adresse:

JAZZ PODIUM
Verlags GmbH
Vogelsangstraße 32
7000 Stuttgart 1

B&A

Buchhandlung & Antiquariat

Wir besorgen jedes lieferbare Buch innerhalb eines Tages

Unser Antiquariat ist bemüht, vergriffene Werke zu beschaffen

Portofreie Lieferung
Ankauf von Einzelwerken, Bibliotheken
Fordern Sie unseren Jazz-Literaturkatalog an,
oder besuchen Sie unsere Buchhandlung

Heinz A. Eisenbletter & Bernhard S.M. Naumann
Wilhelmshöher Straße 128
6000 Frankfurt 60
Tel. 069/47 92 62